知的生きかた文庫

人間、
60歳からが一番おもしろい！

保坂　隆

三笠書房

はじめに――さあ、「第二の人生」を始めよう！

最近、「定年になってからウツになった」とか、「定年後の人生が見えない」という悩みをよく聞く。六十代になって定年を迎え、それまでの仕事を離れてから、やるべきこと、行くべき方向を見失っているのだろう。

だが、考え方を少し変えてみてほしい。年齢を重ねるとともに、生きることがラクになってきたという実感はないだろうか。

六十歳を過ぎてくると、二十代や三十代のころのような「名声がほしい」「大金がほしい」「異性を求めたい」といった欲望への執着心がだんだん薄れてくる。仕事や仕事がらみの人間関係など、自分自身を縛っていたしがらみからも解放されるようになる。となると、真の自由が得られるのではないか。

そう、六十歳からこそが、好きなように生きられる「人生で一番自由なとき」なのだ。

人生も折り返し地点を過ぎたころから、人間はほどよい成熟のときを迎える。これまでのたくさんの経験が心の迷いを消してくれる。そして、人生の収穫を感じるようになる。六十歳からの人生は、ある意味で、ようやく本当の自分自身と向き合って生きていける日々といえるわけだ。

これまでの人生で重ねてきた経験や苦労は、これからの毎日を心から楽しみ、幸せに生きるための滑走路だったのかもしれない。

それだけに、六十歳以後を、喜びや輝きに満ちた時期にしたい。人生は、六十歳からが一番おもしろいのである。

長寿の時代だから、人生を終えるのはずっとずっと先のこと。だからこそ、六十歳以後の毎日を「人生のおまけ」のような軽い扱いにはできない。

六十歳はまさに「第二の人生のスタートライン」なのだ。

とにかく、自由になる時間はたっぷりある。そうした時間をおおいに活かし、楽しみたい。そして、定年後の生活を思う存分満喫できる人、できない人の分かれ目というものは、ほんのちょっとしたことなのだ。

本書では、サラリーマンを卒業した後の「かけがえのない自由時間」をいかに過ごすべきか、具体的な行動術から、新しい環境での人間関係の築き方まで、幅広く書いてみることにした。

これから六十代を迎える人、そして現在六十代を送っている人にも役立つ情報や、セカンドライフがもっと楽しくなるヒントが満載である。

百人百様という言葉があるが、六十歳からの生き方も人の数だけあるはず。これから六十代を生きていく「自分だけの目標」を見つけ出して、おおいに楽しんでいただきたいものだ。

あなたの人生の後半期が豊かなものになるように、心から祈りたい。

保坂　隆

もくじ

1章 「人生のおもしろさ」は、六十代から始まる！
定年後を愉しめる人のこんな生き方、考え方

2章 会社を辞めても「いい人間関係」を築くコツ

「大人の魅力」はこの考え方から生まれる

3章 いつまでも「洒落っ気」を持っている大人であれ

―点豪華主義のススメ

4章

最低限知っておくべき「お金の計算」

この「準備」と「心構え」さえあればいい！

5章 六十、八十、そして百歳へ——機嫌よく豊かに暮らすコツ

たった一度の人生、自分の居場所をつくる！

編集協力――幸運社
コアワークス

1章

「人生のおもしろさ」は、六十代から始まる！

定年後を愉しめる人のこんな生き方、考え方

人生、お楽しみはこれからだ！

思想は本屋へいけば即座に手に入るが、
皺《しわ》を手に入れるのはつらい時間がかかるものだよ。

開高健《かいこうたけし》　作家

リタイア後の人生をおもしろく生きるか、つまらないものにしてしまうか、そのカギを握っているのは「老い」をどう受けとめるかだといっていい。
精神的にも体力的にも下り坂にあるという、変えようのない事実を否定的に受けとめたら、「〜できない」自分ばかりがクローズアップされるようになる。無理に若さを否定して「できる」と肩肘張るのもその裏返しだ。老いを否定していることに変わりはないのである。

老いを肯定的に受けとめる、おもしろく生きるための基本はこれだ。禅に「閑古《かんこ》錐《すい》」という言葉がある。使い込まれ古びて先が丸くなった錐《きり》は、鋭さこそないが、円熟したのどかな味わいを感じさせるという意味である。

老いとは、その閑古錐としての存在感を輝かせるときなのではないか。

若さはたしかに失った。しかし、それまでの人生で積み上げてきた経験がある、培ってきた知恵がある、荒波に揉《も》まれて鍛えられた忍耐力もあれば、失敗が身につけさせてくれた分別もある……。

そんないまの自分を否定するなど、とんでもない間違いである。大威張りで、断固、肯定すればいいのである。

肯定すれば自分を活かす道が開ける。やりたいことも見つかるし、そこで存在を燻《いぶ》し銀のように輝かせることもできるのである。それがおもしろく生きることに直結しているのはいうまでもないだろう。人生いたるところにおもしろさがある。いくつになっても「お楽しみはこれからだ」と思って生きようではないか！

「これから何をしよう」と悩めるのは最高の贅沢

人は何事かを成すために生きてるんじゃない。
何も成さなくてもいいのだ。
自分の一生なんて好きに使えばいいのだ。

山本文緒『かなえられない恋のために』

仕事に追われた日々を積み重ねてきた現役時代とリタイア後の生活では、様子がガラリと変わる。

もっとも大きな違いは、いうまでもなく、もてあますほどの時間があることだろう。

現役時代には、「どう使おうか」など考える間もなく過ぎていった時間の使い途《みち》が、リタイア後には大きな課題になってくる。

もちろん、現役時代からリタイア後に「これをやりたい」ということがはっきりしていたら、すぐにそれに取り組めばいい。

問題になるのは、とりたててやりたいことが見つからないケースだろう。仕事に明け暮れていた人間にとって、それ以外の目標や夢を見つけることは意外と難しい。無為に過ごす時間はけっこうつらい。「何かやらなければ」という思いがプレッシャーになって、気分が塞《ふさ》ぐかもしれない。

しかし、そうあせることはない。まずは「時間を贅沢に使ってやろう」と腹をくくってしまうことだ。新聞をじっくり読むのもいいし、それまで読めなかった本のページを気ままに繰《く》ってみるのもいい。観たかった映画のＤＶＤ三昧の一日があってもいいし、気分転換にぶらりと散歩に出かけるのもおおいにけっこう。

実践するとわかるが、そうした日々は思った以上に豊かで充実している。目的を持って何かやるということばかりが充実感をもたらすものではないのだ。

気分的にあくせくせず、「さて、今日は何をするかな」とゆったりかまえていると、ふっと「これをやってみようか」というものが必ず見つかるはずだ。

無理をしない「自然体」が格好いい

禿《は》げ頭の向こう側には
若者が想像しているよりも多くの至福がある。
ローガン・バーサル・スミス　アメリカの随筆家

「まだまだ若い者には負けないぞ！」。高齢者の気概を示す典型的な台詞がこれだろう。その心意気やよし。でも、肩に力が入りすぎてはいけない。若い世代に伍《ご》してがんばろうという思いは、ときとして老いから目をそらすことにつながる。その結果、無理をして周囲に迷惑をかけかねないのだ。

気持ちを若々しく保つことは大切だが、同時に体力は確実に衰えているという点を認めるのも必要だ。

現役時代は夫（妻）として、父親（母親）として、少なからずがんばってきたからこそ、いまがあるということに思いを馳《は》せてほしい。もう、「がんばる」という看板を下ろしても、誰にも文句をいわせないのが老いの特権だというくらいに考えようではないか。

若い世代の助けやいたわりは、堂々と胸を張って受け入れればいいのである。やせ我慢をしたり、意地を張ったりするより、そのほうがずっと人間としての器の大きさを感じさせる。体力的には格段の差がある若い世代に対抗意識を燃やしたって意味はない。年相応に悠然と生きることにこそ燻し銀の輝きがあるのだ。

「年寄り扱い」という言葉は禁句にしよう。誰かが荷物を持ってくれた、電車やバスで席を譲ってくれた……といったときには、素直に好意を受けて「ありがとう」と感謝すればいい。

どの世代であっても「らしく」生きるのが、人生を楽しむ秘訣であると肝に銘じておきたい。

「年甲斐もなく」やりたいことを楽しもう

趣味は悪いよりよいほうがよいが、趣味は何もないよりも
悪趣味でもあったほうがいい。

ベネット　イギリスの作家

リタイア後の生活のおもしろさを大きく左右するのが趣味だ。好きな趣味にたっぷり時間を使えるのは、仕事から解放されたリタイア後ならではだ。なかには趣味が素人の域を超え、それで生計を立てているという、なんとも羨ましい人もいる。

しかし、時間があるからといって、あまりに意気込んでかかるのは考えものである。

とりわけスポーツなど体力を要する趣味は要注意。これまで週末しかできなかったけれど、これからはいつでも……と張り切って打ち込みすぎると、オーバーワークになり、ドッと疲れが出たり、体調を崩したりする。体力は確実に落ちているという事実を認識し、ほどほどを心がけることが大切だ。

また、趣味は「これ」と決めないで、興味が湧《わ》いたものには何にでも手を出すのがいい。玄人《くろうと》はだしのレベルには、誰でもなれるわけではないし、あくまで自分が楽しむのが目的だから、その対象はたくさんあったほうが、断然、楽しみの幅が広がってくる。

下手の横好きレベルでかまわないから多彩な趣味を持つのが、時間を豊かにするといってもいい。

できれば、ひとりでやる趣味と複数人でやる趣味を併せ持つのもポイント。相手やグループが必要なものは、こちらの都合だけで「さぁ、やろう」というわけにはいかない。ひとりでやる趣味にはそんな制約がないから、思い立ったらいつでもできるのが強みだ。効率よく時間を使うためにも、ここは押さえておきたい。

定年後も「働き甲斐」がほしかったら?

世の中でいちばん寂しいことは、する仕事のないことです。
福沢諭吉　慶應義塾創設者

それまでの仕事からは離れたものの、まだまだ体力もあるし、気力もみなぎっている。ここは気分一新して、もうひと働きしたい。そう考える人も少なくないはずだ。

その意欲は、おおいにけっこうだが、悲しいかな、リタイア後の再就職は明らかに狭き門となっているのが現状だ。

ある程度の生活費を捻出する必要があるなら、稼げる仕事に就くことが前提になるが、そうでなければボランティアに目を向けてはどうだろう。

地域にはシルバー人材センターがある。そこに登録して会員になっていると、さまざまな仕事を紹介してくれる。

それまでに得た知識や培った技術を活用できるものから、家事の手伝いや庭の手入れ、高齢者の支援といったものまで、職種はじつに多種多彩。数万円の収入を見込めるものも少なくない。

なかでもすすめたいのは、高齢者と接するボランティアである。話し相手になったり、病院に付き添ったり、買い物や家事をサポートしたり……。自分より高齢の人に寄り添うことで、自分の将来の生活が具体的にイメージできるし、介護の仕組みや手続きについても知ることができる。つまり、いずれは訪れる「明日はわが身」への不安が払拭《ふっしょく》できるのである。

「誰かの役に立っている」という満足感が得られるボランティアをしながら、しっかり将来にも備えていく。これほど〝働き甲斐〟のある生活はないだろう。

ボランティアを楽しむ大原則を知っておく

ボランティアは人のためにするものか。
それだけではない。自分の心がそれを求めているから。
だからこそ、「感謝し合う心」が生まれるのだろう。

ボランティアをしたい。そこに老後の目標を据えている人も多いかもしれない。自分や家族のためには十分に働いてきた。だから、今後の人生は他人の役に立つことをしてみたい。そうした心持ちは立派である。

ボランティアにはさまざまなものがある。ある女性は、育児ボランティアに参加し、子どもたちに読み聞かせをしている。市の図書館で、視聴覚障害者のために朗読、録音のボランティアをやっている人もいる。現役時代の技術力を生かした「シニア海外ボランティア」や、市町村の「シルバー人材センター」に登録するという方法もあるだろう。

無償か有償かは、選択するボランティアによって違うが、いろいろと自分に適したボランティアは見えてくるはずだ。

しかし、ボランティアをしているうちに、ともすると、「これだけやってあげているのに、なぜ理解しないんだ」「なぜ、協力してくれないのか」といった感情になることもあると聞く。その根底にあるのは何だろう。それは「やってあげている」という意識ではないだろうか。

これはボランティア精神ではない。

いま一度、確認しておきたい。ボランティアは自分が「させていただく」ものなのだ。そこに、たがいの感謝と喜びの気持ちが生まれるのである。ボランティアに取り組むことを考えているなら、この大原則を忘れてはいけない。

家事をバカにしてはいけない！

**ごく身近なことにチャレンジしてみる。
それが萎《しお》れた心を甦らせ、
将来への万全の備えになる。**

かつてリタイア後のビジネスマンが「ぬれ落ち葉」と揶揄《やゆ》されたことを記憶している人も少なくないだろう。

一心に打ち込んでいた仕事がなくなり、精も根も尽きはてて萎れきっている様子から、そう呼ばれたものだ。いまもリタイアをきっかけに精神的に落ち込み、すべてにやる気を失ってしまうという人もいるようだ。

そんなタイプにいちばん欠けているのはチャレンジ精神だろう。

わたしは思っている。チャレンジといっても、何も高い目標や壮大な夢を掲げなくたっていい。ごく身近な些細なことに挑んでみる気持ちが大切なのだ。

現役時代は家事のいっさいを妻任せ。「男子厨房《ちゅうぼう》に入らず」を実践してきた人にとって、料理などはまったく未知の分野といえる。それだけにチャレンジ精神を発揮するにはもってこいなのである。

料理の世界には男性シェフが圧倒的に多い。思いきって始めてみると、案外、「こいつはおもしろい」ということになる可能性は大。楽しんでやるようになったら、萎れた心もたちまち元気を回復する。

しかも、将来ひとり暮らしになることも考えられるわけだから、料理の腕があるとないとでは決定的に違うのである。そのほかの家事についても同じ。家事へのチャレンジでひとりでも生きていける基本的な力がつくといっていい。

もちろん、チャレンジ精神もますます磨かれ、趣味や学びといった分野でも発揮されるようになる。活気にあふれた、退屈知らずの生活がそこにある。

六十歳からの無理のない「健康づくり」

体に悪いことを人生から差し引くより、体にいいことを人生にプラスしよう。

斎藤茂太　精神科医・随筆家

楽しく老後を過ごすためにもっとも重要な条件が「健康」である。いくらお金があっても健康が思うにまかせなければ、旅もできないし、美味に舌つづみを打つこともままならない。

「でも、健康第一と考えると、なんだかしんどい気がするな」

おそらく、そう思う人が多いと思う。あれをやめなければ、これも制限しなくてはいけないと思えば、確かにそうだろう。健康づくりのウォーキングにしても、毎日やらなければならないとなると、義務感が先に立って気が重くなってくる。また、つづけるには楽しみが必要だ。

そこで、ウォーキングのコースに何かひとつ、リフレッシュスポットを見つけてみよう。おいしいコーヒーを出す喫茶店でもあれば理想的だ。ひとしきりウォーキングをして、そこでしばし香り高いコーヒーを味わい、気分をリフレッシュして残りを歩ききるというコースである。これならコーヒーに心誘われ、ウォーキング自体が楽しみになるだろう。

自然ウォッチングもいい。コースの途中にある木々や草花などを観察するのだ。毎日、同じ場所で歩をやすめて、観察をつづけていると、小さな変化に気づく。草花はそれぞれ種類によって四季折々に蕾《つぼみ》を膨らませて花開く。どれも日々、刻々と変化しているのだ。命の営みであるわずかな変化を感じるのは、大きな楽しみになるだろう。「昨日の蕾が今日あたりは……」と、そんな思いがウォーキング継続のエネルギーになるはずだ。

「やりたいことリスト」が充実した老後をつくる

人生を大切に思うといわれるのか。
それならば、時間をムダに使いなさらぬがよろしい。
時間こそ、人生を形づくる材料なのだから。
ベンジャミン・フランクリン　アメリカの政治家・科学者

毎日、決まったスケジュールにしたがって仕事をこなしていた現役時代と違って、リタイア後は自分で時間管理をすることが必要になる。それができないと、することもなくのんべんだらりと、ただただ時間が過ぎ去っていくようにもなる。時間に恵まれているとはいえ、これではいかにももったいない。

時間をムダづかいしないためには、やりたいことを明確にしておくことが大切である。それも漠然と頭に思い浮かべるだけでなく、紙に書き出してリストにすることだ。

さあ、いまいくつぐらいやりたいことがあるだろうか。

かまえて考える必要はない。

たとえば、「あの店の鰻重《うなじゅう》を食べる」というのでもいいのだ。京都の紅葉を観る、パソコンをマスターする、（日本代表が出場したら）サッカーのブラジルW杯を応援に行く、趣味の書道を活かして教室を開く……。できるかできないかにとらわれないで、リストアップしてみよう。

この「やりたいことリスト」は短期、中期、長期の人生目標だ。目標がはっきりすれば、おのずと達成するための方法に気持ちが向かう。「よし、明日あいつを誘って鰻《うなぎ》屋へ……」「来月からパソコン教室に通おうか」「書道教室を開くために必要な情報を徐々に集めていこう」といった具合である。

これは楽しい。のんべんだらりと過ごしてなどいられなくなる。

リストに〝達成〟の文字が増えていったら、新たな「やりたいこと」を書き加えていったらいい。

「一日一発見」――新しいことやモノに出会うこと

学ぶことをやめた人はだれでも老いている。
二十歳であっても八十歳であっても、
学び続ける人はだれでも若い。

ヘンリー・フォード　アメリカの自動車王

日々の暮らしのなかにそうそう大きな変化などあるわけはない。それは現役時代も、リタイアしてからも、あまり変わらないだろう。違いがあるとすれば、一日の時間の流れに〝起伏〟があるかないかだ。

仕事をしていれば、ある程度の刺激はつねに予想できる。人に会う、トラブルが起こる。逆に、うれしい、楽しいと感じることに遭遇する機会もあるだろう。日々、事象には変化があり、心もそれに応じて起伏する。

そうした環境から離れれば、当然、刺激は少なくなる。なだらかで平穏な日々。しかし、翻《ひるがえ》れば、変化に乏しく、退屈しがちな日々ということもできる。そんな日々がつづけばどうなるか。心の動きが緩慢になり、抑揚もなくなってくる。テレビを見ていたつもりが、気づくと、ただボーッとしていた……なんてことはないだろうか。

外からの刺激が乏しくなるなら、自らに刺激を与えることを考えればいい。

「一日一発見」。新しいことやモノに出会うことだ。ここに意識をしぼってみよう。新しい発見といってもそう堅苦しく考える必要はない。これまでやってこなかったことを思い浮かべてみるのだ。たとえば書店で、これまで手にとらなかった雑誌を開いてみる。小説一辺倒だったなら、マンガコーナーに足を運んでみてもいい。甘いものが苦手というなら、喫茶店でケーキセットを頼んでみるのも、新しい発見につながるものだ。

自分の〝枠〟を取り払ってみれば、新しい発見はいくらでもある。老いている暇などない。

「プランター菜園」でゆったりした時間を感じる

土にふれ、種をまき、芽吹くのを待つ。
実りは日々の食卓へ。
そんな生活も悪くない。のんびり、悠々と。

日々仕事に追われ、都会に暮らす人にとって、「田舎暮らし」は第二の人生を送る理想郷に映るのだろうか。リタイア後に「自給自足程度の農業をしながら、のんびり、悠々と暮らす」ことを夢見ている人は多い。

しかし、現実はそれほど甘くはないようだ。実際に移住生活を始めてみると、さまざまな問題にぶつかり、結局、第二の人生をリタイアするケースも、けっして少なくないと聞く。

無理な大転換は、大きなストレスを招き寄せるようになる。意気込む必要はない。ひとまず、いまある環境のなかで、自給自足を始めてみればいいのだ。マンション住まいならプランター菜園を、庭があるのであれば、一画を野菜畑にする。あるいは、近隣に畑を貸し出しているところがあれば、そこを自給自足の場と決めればいい。

何を育てるかは、もちろん自由だが、苗を植えるのではなく、種をまくスタイルを選択するといい。土のなかから小さな芽を出し、「そろそろ色づいてきた……」「虫に食われてはいるが、なんとか元気」「食べごろはもう少しだ」……。日々育っていく健気《けなげ》な姿に、命の営みの素晴らしさと、未来への希望が見えてくるはずだ。

もちろん、最初からおいしい野菜が収穫できるとは考えないほうがいい。「次の年はきっと……」と考えればいいだけだ。

時間は本来、ゆったり流れる。生命の営みはそれに沿っている。現役時代では感じられなかった、そんな時間を受け入れるのに充実感を感じることができれば、これから過ごす時間はもっと豊かになるはずだ。

「しばらく」「いずれ」を禁句にする

いまできない事は、十年たってもできまい。
思いついた事は、すぐやろうじゃないか。

二代目市川左團次《さだんじ》　歌舞伎役者

「リタイア後はしばらくのんびりしたい。働きづめだったからな」。その気持ちに賛同する人は多いに違いない。

あれこれしてみたいことはあるが、しばらくの間は、とにかく骨休めをしたい。そうすることが、リタイア後のひとつの目標にもなっているだろうか。「しばらく」骨休めをしたら、「いずれ」は次のステップにすすむのだから、いまはそれがベストな時間の過ごし方、と考える。

どうぞ、ゆっくり骨休めをしてください。そういいたいところだが、「しばらく」「いずれ」は、きわめて危険な言葉だということを知っておかなければならない。

人は安易な環境に流れる特性がある。「しばらくなんだから、いいじゃないか」「いずれは、ちゃんとやりたいことをやるつもり……」。だから、いまは何も考えずに過ごす時間が大切だ、というわけだが、じつはそこに危険が潜んでいる。

ただ無作為にだらだらのんびりしていると、脳はしだいに活性を失っていく。気づくと「のんびり」が「ぼんやり」に。そして、「ぼんやり」はさらに脳の活性を奪っていき、最悪のケースでは、うつを発症する可能性だって否定できないのだ。

骨休めをすることが、リタイア後のひとつの目標だとしたら、目標完遂に期限を設け、「リタイア後」の骨休めではなく、「次にすること」のためと意識を切り替えればいい。

そうすれば必然的に、「しばらく」「いずれ」は意識から排除される。脳はそれをしっかりキャッチし、気力の喪失をくい止める。うつが入り込むスキはない。

ちょっと視点を変えるだけで、こんなにおもしろい趣味が見つかる！

興味があるからやるというよりは、
やるから興味ができる場合がどうも多いようである。

寺田寅彦《とらひこ》　物理学者・随筆家

仕事一辺倒で生きてきた人にとっては、「趣味」のないことがリタイア後の不安になるようだ。

現役時代はそこそこゴルフもやっていたが、仕事から離れると、ゴルフへの誘いも極端に減る。そもそもつきあいで始めたゴルフだから、趣味といえるほどの執着はない。「何をやっても長続きしない」。そんな人もいるだろうか。そんな姿に、おそらく、こんな妻の声が飛ぶ。「毎日家でゴロゴロしていないで、何かしたら！」である。妻に指摘されるまでもなく、自分でも何とかしたいと思ってはいるが、いかんせん、興味を持てるものが見つからない……。

きっかけを見つけよう。そこで「数字」にこだわることを提案したい。たとえば、江戸時代の絵師・葛飾北斎が残した「富嶽三十六景」がある。富士山をさまざまな角度から描いたものだが、この「三十六」という数字にこだわってみる。絵に描くのもいい、写真に撮るのでもいい。三十六カ所をめぐって、その数字に到達することを目標＝趣味にしてみるのだ。現代で同じ風景に出会うことは不可能だが、場所を特定するために調べ、そこへ赴く。旅気分も味わえ、一挙両得の楽しみになるだろう。

桜の名所や河川、四国八十八カ所をめぐるのもいい。「〇カ所」を調べていけば、興味のそそられる場所は必ず見つかる。坂や橋に焦点を絞ってみるのもいい。

そして、ここからが重要だ。数字にこだわっても、その数字を目的にしてはいけない、ということだ。プロセスがあるからこそ楽しい。そこに数字に到達するおもしろさを発見したい。

現役時代とは別の〝なじみの店〟をつくる

人はひとりでは生きていけない。どんな些細な言葉でも、交わしあうことが、心を潤してくれる。

現役を退くと、生活パターンは当然、がらりと変わる。仕事帰りに「一杯やっていくか?」と部下を誘って立ち寄った店、取引先の接待によく使っていた店……など、「なじみの店」とも疎遠になる。生活の中心は主に自宅周辺になるからだ。機会があれば、慣れ親しんだ店にも立ち寄ってみたいと思うだろうが、そうそう実現はしない。

現役時代の関係者にばったり出くわすのも、なんだか気恥ずかしい、というのが正直な気持ちではないだろうか。

ならば、新しい生活の場で「なじみの店」を見つけてはいかがだろうか。リタイア後、生活は家族中心になる。子どもが巣立っていれば、妻と二人の生活。一日中べったりの時間は、おたがいに息が詰まるものだ。それぞれの時間を過ごしてきたからこそ、二人の時間を愛おしいとも思えたはずである。だから、ときにはひとりになる時間を見つけたらいい。新たに自分だけのなじみの店をつくったらいい。

気に入った店が見つかったら、しばらく通ってみよう。なじみの店を選ぶポイントは、店主、あるいは板さんとの会話につきる。接客を専門としている人は、絶妙な距離感で相手を心地よくさせてくれるものだ。店の種類はお酒を出す店にかぎらない。日中、お気に入りのカフェに通って顔なじみになるのもいい。ランチやディナーでなじみの店をつくるなら、妻同伴で行ってみるのもいい。

ひとり暮らしのケースではとくに、〝孤食〟は味気ないものだ。心地よい会話のできるなじみの店をぜひつくってみたい。

いましかできない「ひとり旅」を思う存分満喫する

体力も気力もあるうちに、気ままなひとり旅。
家族への気遣いは、ひとまずおいておこう。
ひとり旅が「ひとりではない」ことを実感させてくれる。

結婚して子どもが生まれ、育ち、そして巣立っていく。その間おそらく、ほとんどの人は「ひとり旅」など考えたこともなかったに違いない。旅といえば家族旅行であったり、郷里への帰省といったことが目的だったはずだ。もちろん、家族一緒の旅行は楽しい。妻や子どもたちの笑顔が旅行の楽しさを倍増させてもいただろう。でも、旅行先が自分の行きたい場所であったかどうかは疑問である。家族の笑顔が最優先だから、それを実現するためにヘトヘト……なんてこともあったのではないだろうか。

たっぷりの時間がある日々、これからは「ひとり旅」を、存分に楽しんではどうだろう。行きたい目的地に新幹線などを使って一足飛びに到着する、という旅でももちろんかまわないが、〝ひとり〟を満喫するにはローカル線の旅がいい。

気ままに、降りたい駅で降り、周囲を散策したり、そこから出るバスに乗って周辺の生活ぶりを眺めるというのも、贅沢な旅の過ごし方だ。バスツアーのひとりとなって旅するのもいい。肩書きを取り払った人とのふれあいは、きっと新鮮に違いない。

「妻も旅行には行きたいだろうし、子どもも、できれば孫も一緒に連れて行ってやりたい……」

もちろん、そんな旅行を計画するのはいい。しかし、そろそろ自分だけのために使う時間を最優先に考えてもいいのではないだろうか。

おそらく妻は妻で、自分の時間を有効活用する術《すべ》は、すでに心得ているはずだ。「お友だちと温泉旅行に行くつもり」という妻の背中に、「じゃあオレも、二、三日ほど旅行に行くとするか」。そう伝えればいい。

「行き当たりばったりの旅」の快感を味わう

旅はわたしにとって、精神の若返りの泉だ。
アンデルセン　デンマークの作家

これまでの人生で何度くらい旅をしてきただろうか。国内、国外を問わず、日本人はかなり旅好きだから、誰でも十指にあまるくらいの回数はあるはずだ。

さて、その中身だが、おそらくほとんどは計画的なもの。旅行会社のパック旅行とか、自分で綿密にスケジュールを立てたものとか、ではないだろうか。

リタイアしたら、ひと味違う旅がおすすめだ。ふんだんにある時間を活用した気ままな旅である。

目的地も日程もあらかじめ決めずに、心のおもむくまま、気の向くままに、見知らぬ土地をめぐるのである。

その土地のおいしいものとの出会い、風景が与えてくれる感動、人々の温かさ、ちょっとした失敗やハプニング……。次々に体験する想定外のできごとは、心を躍らせずにはいられないだろう。まさに、極上の精神のリフレッシュをもたらすのが、ぶらりひとり旅なのだ。

計画のない旅に不安を感じるという人もいるかもしれないが、世界に冠たる治安のよさを誇るのがわが日本。国内ならなんの心配もいらない。費用の面でも豪華旅行を望まなければ、どの地方にも手頃で素朴な宿はいくらもある。

要は踏み出すか踏み出さないかだけだ。旅の醍醐味《だいごみ》は自由気ままさにある。ローカル線に乗って気に入った景色の駅で降りるのもいいし、居心地のいい温泉宿に長逗《とう》留《りゅう》したっていい。一度その醍醐味を味わったら「やみつき」になるのは必定。早速、思いきって出かけてみよう！

退職後の「夢の海外ロングステイ」もラクではない

人生を恐れてはいけない。
人生に必要なものは、
勇気と想像力と少々のお金だ。

チャールズ・チャップリン

退職後は海外で暮らしてみたい。温暖な地域でのんびり、地元の人たちと親交を深めて……。これも一つの夢だろう。実際にその夢を実現している人もいると聞く。第二の人生、好きなことに時間を費やし、ゆったり暮らすことができれば、それこそパラダイスだ。しかし、同時に「こんなはずではなかった……」と落胆を抱えてしまう人もいる。

安易に「海外生活」は実現しない。目指す前提に、この意識は持つべきだろう。海外生活はとにかく、波瀾万丈《はらんばんじょう》だ。

現役時代の専門知識を活かして赴任するシニア海外ボランティアなど、いくつかの条件を満たせば許される長期のステイ型の海外生活がある。どのスタイルで海外生活を実現するにしても、現地で待っている生活は、当初思い描いていたものとは違うことが多いようだ。水や食生活はもちろん、国民性の違いからコミュニケーションがスムーズではないことや、のんびりするつもりが、日々の時間を持てあましたりもする。現地の人との交流だって、そうそう毎日楽しいわけではない……。理想と現実は違うことを、おそらくは実感するようになる。

そのとき自分はどう対処するか。ここが後の老後を生き抜く知恵につながる。

その答えは簡単だ。気力と体力がいかに充実しているか。思い描いていた海外生活に失敗するのも成功するのも、これに尽きる。

失敗してもいいじゃないか。気力と体力を失わなければ、また、新たな人生をスタートできる。そう思えばいい。

例えばネット――〝食わず嫌い〟を卒業する

インターネットを使わないのは、
楽しみを捨てているようなもの。
パソコン習得はエンジョイの必須項目と考えよう。

余裕ある時間を楽しく過ごすために不可欠なのが情報だ。国内情勢から経済の動向、社会の傾向といった大枠の日本を知るためにも情報は必要だし、生活をエンジョイするにも、まず、情報を手に入れなければ始まらない。その最大の発信源はいうまでもなく、インターネットである。

パソコンは苦手という人がいるかもしれないが、これはもう老後生活の必須アイテム。すぐに教室に通うなり、できる人に習うなりして、基本操作を覚えよう。

ネットからはありとあらゆる情報がキャッチできる。映画や観劇、コンサート、スポーツイベントなどの娯楽情報、高級レストランから居酒屋にいたるまでのグルメ情報、ワールドワイドな旅情報、会話に使える政治ネタ、芸能ネタ、世間ネタ、交通機関の時刻表や乗り換え案内……。およそ、そのとき知りたいことはすべてネットが教えてくれるといっていい。

さらには、その場で映画や落語だって楽しむことができる。たとえば、名人・古今《ここん》亭志ん生《ていしょう》の『火焔太鼓《かえんだいこ》』の一席も好きなときに観られるのだからこたえられない。

また、政治家や芸能人、知識人、著名人たちがブログなる「個人日記」をネット上に公開している。興味がある人がいたらそれをのぞくのも楽しいし、自分でブログを立ち上げるのも簡単。このようにネットを始めたら、おもしろい世界はどんどん広がっていく。

いつまでも「食わず嫌い」でいるのは、その世界への入り口を自ら閉ざしてしまっているに等しい。とにかく、トライあるのみだ。

楽しみ二倍、脳トレにもなる「おもしろ検定」

自分の好きなことを日常的に少しずつやることだ。
思わぬところから、
自分の人生のヒントを見つけるだろう。

本田健　作家・実業家

歳を重ねて何が心配になるか、と問えば、多くの人は「認知症」と答えるかもしれない。もちろん、さまざまな疾病への不安もあるだろうが、自らの意思が思うに任せない状態というのは、とくに恐怖をともなうようだ。実際、「ボケるのが怖い」という心配は上位にある。

では、ボケないためにどんなことをしたらいいか。やってみたいことをどんどんやって、脳にぼんやりとする休息を与えないことだ。もちろん、それには〝快〟がともなわなければならない。心地よい刺激は、意欲へとつながる。そのひとつの方法としておすすめなのが「検定」だ。

いま定年を迎えている世代では昔、そろばんや書道などがその対象だったが、いまは百花繚乱《ひゃっかりょうらん》の趣だ。「漢字検定」はよくご存知だろう。「世界遺産検定」というのもある。全国各地の「ご当地検定」もさかんだ。映画好きなら興味をそそられる「映画検定」もある。おもしろいところでは「お好み焼き検定」「犬の飼い主検定」「日本さかな検定」……。なかには「定年力検定」という、まさにリアルタイムなものまである。

興味のあるもの、ぜひ知りたいことなど、積極的にトライしてみてはどうだろうか。スタートは初級編からがいい。ともすると合否にとらわれてしまいがちだが、重要なのは結果よりプロセスである。検定のために書籍を読み、問題を推測し、いざ検定に挑む。このプロセスこそが、いわゆる〝脳トレ〟になる。

存分に楽しんで、不合格でも「次があるさ」くらいの気持ちで、知識が積み重なることを楽しんでほしい。

2章

会社を辞めても「いい人間関係」を築くコツ

「大人の魅力」はこの考え方から生まれる

ここが分かれ目！——妻への「ありがとう」を増やす

十代の夫婦はセックス夫婦
二十代の夫婦は愛で結ばれる夫婦
三十代の夫婦は努力して夫婦
四十代の夫婦は我慢の夫婦
五十代の夫婦はあきらめの夫婦
六十代の夫婦は感謝しあう夫婦

永六輔　作家・エッセイスト

退職後、もっとも身近に人間関係を築くのは妻だ。「結婚生活は何十年にもなる。何をいまさら……」。そう考えているとしたら、大きな間違いだ。いつのころだったか「亭主元気で留守がいい」というフレーズが流行ったことがあった。妻たちはこの言葉におおいに賛同したのではないか。休日といえば家でゴロゴロするだけの夫に、おそらくイラッとする瞬間もあったことだろう。定年退職を迎えれば、それが毎日のことになるわけだから、妻のストレスはいやが上にも募《つの》ろうというものだ。

もちろん、夫にも言い分はあるだろう。しかし、ここは人間関係の初心にかえってみたい。他者との関係を良好なものにするためのもっとも基本的なことは……相手への感謝とほめ言葉。これにつきる。

朝、妻が新聞を取ってきたとき、いつもは無言か「おっ」くらいの反応をしていたとしたら、ここで「ありがとう」をいってみる。お茶を淹れてもらったら「ありがとう」、夕食のテーブルが調《ととの》ったら「おいしそうだな」「うん、うまい！」などといってみるのだ。この言葉が潤滑油となり、妻だって気分がよくなる。「ありがとう」には「ありがとう」の言葉が返ってくるようになり、そうなればしだいに、たがいの心は寄り添うようになるに違いない。妻のイライラは「わたしだけが家事に追われている」が原因になるケースが多い。ならば、家事分担にも積極的に取り組んではいかがだろう。慣れない仕事に不手際があったとしても、その姿勢だけは十分伝わるはずだ。「ありがとう」の言葉があればこそ、である。

「仕事抜き」の人間関係がセカンドライフのカギ

われわれを助けてくれるものは、
友人の援助そのものというよりは、
友人の援助があるという確信である。

エピクロス　古代ギリシアの哲学者

リタイア後の生活がおもしろいかつまらないか、充実しているか虚しいか、そのカギを握っているのが友人の存在だろう。月に一度か二度、誰からともなく誘い合わせて、一献酌《いっこんく》み交わす。

他愛のない話をしながら何でもない時間を過ごすだけのことだが、これが心を潤してくれるし、かけがえのない楽しみにもなる。生活を豊かにする貴重なアクセントだといってもいい。

　そんな友人との時間が心地よいのは、仕事からまったく離れたつきあいだからである。仕事のうえの人間関係は利害が絡むし、違った分野の仕事をしている学生時代の友人といっても、相手のほうが収入が多かったり、自分より出世が早かったりすれば、どこかに羨望感や嫉妬《しっと》心が紛れ込む。いわゆる、〝腹を割った〟つきあいはできないのだ。

　しかし、おたがいにリタイアしてしまえば、地位も肩書きも関係ないから、文字どおり、リセットされた状況になる。

　生活環境や資産状況はそれぞれに違っても、おたがいに無理をしないでつきあうという分別も備わっているものである。肩肘張らずに話もできるし、うまい酒も飲めるというわけだ。

「懐かしいなぁ」と思う相手がいたら、電話でも手紙でも手段は何でもいいから、連絡をとってみたらどうだろう。きっかけさえあれば、腹に一物のない友人関係をつくるのは難しくない。

これからは隣近所とのつながりを持つ

人に好感を持たれたければ、
誰に対しても挨拶をすることだ。
挨拶ほど簡単でたやすいコミュニケーション方法はない。
カーネギー　アメリカの実業家

現役生活が終わると、中心的な活動の場が会社から地域社会に移る。まず、このことをしっかり認識して、頭を切り換える必要がある。

地域社会に家族以外には親しい人がいないというようなことでは、楽しく快適な生活など望めないし、何かあったときの不安も大きい。地域での人とのつながりは、リタイア後の生活のもっとも基本的な条件といえるだろう。

人とのつながり、人間関係はコミュニケーションから生まれる。その原点はじつにシンプル。そう、挨拶だ。散歩や買い物、あるいはゴミ出しなど、リタイア後の生活では自宅周辺に出かける機会が多くなる。その際、近隣の人と顔を合わせたら、まず、自分からひと言「おはようございます」「こんにちは」と意識して声をかけよう。

挨拶されて嫌な気持ちになる人はいないから、相手もにこやかに挨拶を返してくれる。挨拶を交わし合うことはつながりの基礎になる。そこから少しずつ会話を増やしていけばいいのである。

いちばん話題にしやすいのは、単純だが天候に関するものだろう。「寒くなりましたね」でも、「今日は暑くなりそうですね」でも、そのときどきに感じたことを言葉にすればいい。それがやがて立ち話になり、話題も多彩になっていく。留守にするときにひと声かけ合ったり、もらい物をお裾分《すそわ》けしたり、といった関係になるのも、そう遠いことではない。

信頼できるご近所さんができたら、暮らしやすさは格段にアップする。

現役時代の肩書きに頼らない友人づくり

友を得るには、
相手の関心を引こうとするよりも、
相手に純粋な関心を寄せることだ。

カーネギー

人間の性格はさまざま。社交的な人もいれば、引っ込み思案な人もいる。持って生まれたそれぞれの性格は、年齢を重ねても、そうそう変わるものではない。つまり、リタイア後の生活に友人が大切だとわかっていても、人づきあいが苦手な人はそう簡単には友だちがつくれないのが現実だろう。

ただし、友だちづくりにはちょっとしたコツがある。地域の会合でも、趣味の集まりでも、あるいは何かのイベントでも、出会った人と話す際には「肯定する」姿勢で臨むのだ。たとえば、出身地の話が出たとする。「郷里は秋田でしてね」。ここで「そうですか」と事務的に対応したのでは話がつづかない。

「ほぉ、秋田ですか。秋田はうまい魚がありましたね。たしか……」「ハタハタですか？」「あぁ、そうでした、そうでした。ハタハタの旬はいつごろなんですか？」「十月下旬からですね」……といった展開なら、話はいくらでも膨らんでいくのである。

相手の話題を肯定的に受けとめ、興味を持って対応しているからだ。

こうしたかたちでひとしきり話をする間に、相手の心の垣根は確実に取り払われる。自分（人格でも話題でも）を肯定してくれる人に対しては、いち早く胸襟《きょうきん》を開くのが人間の心理なのだ。

さっきの流れから、「じつは近くに秋田の郷土料理店がありましてね。よろしかったら、今度ご一緒にいかがですか？」「いや、うれしい。ぜひ……」ということにでもなれば、もう〝飲み友だち〟がひとりできたことになる。

みんな老後生活の素敵な〝財産〟ではないか

短い人生の中で、もっとも楽しいことは、
自分の心の波長と合う人との出会いです。

稲盛和夫　京セラ創業者

遠くの親戚より近くの他人、という言葉がある。血がつながっていても遠方にいるのではアテにならない、他人でもご近所さんのほうがよほど頼りになる、という意味だが、老後はこの傾向がますます強まるといっていい。

高齢になれば人の助けを借りることも増えるが、始終顔を合わせているご近所さんと親しくつきあっていれば、自然に互助《ごじょ》精神が育つ。これは心強い。

いまはマンションで老後を暮らすという人も多いが、大勢いるご近所さんは友だち予備軍といえる。趣味が同じだったり、気が合ったり、という人が必ずいる。

そんな相手を発見するには、マンションの世話役になるのが早道だ。

たとえば、自治会の役員をすれば、定期的に役員間で話をする機会ができる。会合では連絡事項や問題を話しあうだけでなく、茶飲み話にも発展するはずだ。そこから友だちづきあいが生まれる可能性はかなり高い。実際、仲よくなった役員同士で飲み会を開いたり、温泉旅行に出かけたりするようになったというケースはいくらでもある。

世話役なんて煩《わずら》わしいだけ、と考えている人もいると思うが、それは広がるかもしれない友だちの輪を、自分で断ち切っているに等しいと知ってほしい。

情けは人のためならず。人のために何か役立つことをすれば、自分にもいいことが返ってくるのである。

気軽にたがいの部屋を行き来できる相手、連れだって散歩に出かけられる相手、飲み仲間……。どれもみんな老後生活の素敵な〝財産〟ではないか。

「とりあえず精神」は老後の生活を変える

「しない理由」を探したって仕方がない。
どんな誘いも断るのはもったいないではないか。
結論は「とりあえず」してから出せばいい。

友だちがいないから、あまり外出することもなく、ただなんとなく毎日を過ごしている。さて、そんな生活がおもしろいだろうか。ひとりでいるほうが煩わしくなくていいということはあるにしても、それも程度問題。くる日もくる日も独りぼっちというのでは、生活にメリハリもないし、おもしろみもない。老け込むのも早くなりそうだ。

しかし、考えてみてほしい。友だちがいないのは自分からつくろうとしないからではないか。もっといえば、友だちができるかもしれない機会を自分から遠ざけているのである。

このタイプにありがちな傾向は、地域のイベントがあっても、隣近所から誘われても、「知り合いがいないし……」とか「行ってもつまらなそうだから……」とか、なんやかやと参加しない理由を探してしまうことだ。

この「しない理由探し」をしているかぎり、友だちをつくる機会は失われてしまう。もっと軽い気持ち、そう、「とりあえず」という気持ちで、ひとまず何にでも参加してみるのが大切なのである。

気はすすまなくても、とりあえず参加したら、とても気が合う人と出会えた、楽しんでやることが見つかった、新しい自分を発見することにつながった、といったことはいくらでもある。友だちも自然に増えていく。

「とりあえず精神」は老後の生活にとってきわめて重要なポイントだ。参加してつまらなかったらやめればいいし、友だちになれそうな人がいなければ、そこで次回の参加は見合わせればいい。そして、別の「とりあえず」にトライすればいいのである。

物忘れが気になる人の「名刺代わりのメモ」活用法

人と話をするときは、その人自身のことを話題にせよ。
そうすれば、相手は何時間でもこちらの話を聞いてくれる。
ディズレーリ　イギリスの政治家・作家

最近すっかり物覚えが悪くなってしまった。そんな人も多いのではないだろうか。とくに人の顔と名前が覚えられない……と嘆く人もいるに違いない。

現役時代には、相手の名前を間違えたり、失念するなどもってのほかだったはずだ。仕事の成果にもおおいに影響するわけだから、最低限の心得である。

もちろん、そのときは名刺があった。初対面の相手なら、テーブルの上に名刺を並べて……なんてことも、ビジネスのルールとして習得してきたに違いない。「この事案について、○○さんのご意見をお聞かせください」などと、初対面から名前を織り交ぜて商談をすすめれば、相手はいい気持ちになる。実際に自分がそうされたときも、相手に親近感を感じたのではないだろうか。

原則は、リタイア後に知り合った人との間に築く関係でも同じはずだ。ところが、「わかってはいるが、いかんせん、覚えられない……」なのだから、さて、どうしたものか。

それなら、「名刺」の代わりに「メモ」を最大活用すればいい。

初対面の時間内なら、多少間違っても「おたがいさま」という気持ちはある。「失礼ですが、お名前をもう一度……」でいい。それをメモに残す時間を早々に見つけて書きとめておく。会話の内容をできるだけ詳しく書いておくのがポイントだ。

話がはずめば、いろいろな情報が集まってくるが、なかでも一気に心を近づけるのは孫の話かもしれない。「○○さんの孫、響くん三歳」など、メモにしっかり残しておこう。

大人には「いいところ」を探す技術が必要だ

欠点のない人間はないだろう。
友人の欠点をとがめ立てていたら、
この世に友人というものはないだろう。

高見順《たかみじゅん》　作家・詩人

「歳をとると、どうも頑なになってしまってはいけない。人を斜に構えて見てしまう。身近な人から、すれ違うだけの人間に対しても、つねに挑戦的で、ネガティブな感情を持ってしまう……」

おそらく、こんなふうに感じている、人間関係が苦手という人は多いに違いない。

しかし、仕事を離れても、また新たな人間関係を築くシチュエーションは多い。
「テニスを始めたのだが、○○さんは口うるさくて、どうもソリが合わない」
「会合には遅れてくるし、いつだって秩序を乱す。いったいどんな人生を送ってきたんだ」

知り合う人ごとにこんな印象を抱きつづけていたのでは、自分自身が疲れてしまうだろう。「ひとりのほうがずっとラクだ」と思っていられるのは、しばらくの間だけ。歳を重ねるにつれ、新たに知り合う人も減り、古い友人たちのなかには先立つ人もいるかもしれない。そうなってから悔やんでも時間を取り戻すことはできないのだ。まだ柔軟な心を持っているうちに、人間関係の立て直し計画に取り組もう。

「袖振り合うも多生の縁」という言葉がある。縁があったからこそ知り合ったのだから、マイナス面ばかりを見ていたのではもったいない。

「口うるさいが、面倒見はいい」「秩序を乱すのは個性的な人が多いはずだ。そういえば彼は……」と、さまざまな角度から人を見て、いいところ探しをしてみれば、別の側面が必ず見えてくるものだ。

拒否や批判からは何も生まれない。心を柔らかに、プラス思考でいきたいものだ。

大人のつきあいは「物足りないぐらい」がちょうどいい

**大人の友人関係はあっさり味がいい。
「うっとうしい！」と感じる前に切り上げる。
長つづきの秘訣はそこにある。**

高齢になってひとり暮らしをしていると、人恋しくなることもあるだろう。じっとそれに耐えるのはつらい。誘い合わせ、ともに時間を過ごしてくれる友人の大切さは、そんなところにもあるといえる。

しかし、ある程度の年齢になってからの友人との関係は、あっさり味がおすすめだ。

午前中、待ち合わせをして芝居見物、ランチを一緒にとってショッピング、夕方からは一杯やりながらの食事……。文字どおり、丸一日を友人と満喫といったスケジュールだが、これでは息が詰まるようになる。中身が濃すぎるのだ。

いつもそんな過密スケジュールでは、どちらからともなく「うっとうしい！」と感じるようになる。相手の気持ちが手にとるようにわかる大親友同士なら、「あ・うん」の呼吸で切り上げどきを感じ合えるが、年齢を経てから友人になったというケースでは、早めにブレイクしておたがいを解放し合ったほうがいい。

昼時にランチをして別れる、夜二～三時間だけ酒を酌み交わす、芝居やコンサートを一緒に観て、軽くお茶をする……。そんなあっさり味のつきあいのほうが長つづきする。

少々、物足りないというくらいが「また、会いたいな」という思いが残って、じつにいいさじ加減なのである。

また、旅を一緒にするときも部屋は別々にとるのがコツ。同部屋だとトイレやいびきの問題もあるし、おたがいに気を使ってゆっくり眠れないことにもなる。気兼ねなくやすんで疲れをとってこそ、旅も楽しいものになるのだ。

〝ジャンル別につきあう〟のが大人の流儀

友人の多いのはいい。
人生を豊かにし、生命をあたためてくれる。
それには、いつどこで会っても、
「よお、どうした」という気軽さ、胆《きも》の太さが必要だ。
石毛《いしげ》郁治《いくじ》　科学者・実業家

リタイア後の時間を、気ままに自分のやりたいことをやって過ごすことも楽しみだが、仲間と連れだって何かをするということにも、また、違った格別の楽しみがある。

たとえば、温泉に出かけるのでも、ひなびた宿をとって一人静かに人生を振り返ってみるというのもオツだが、親しい友人とおいしいものを食べ、酒を酌み交わしながら、さまざまなことを語り合うというのも、至福の時間となる。

旅だけではなく、買い物でも食事でも趣味でも……、つきあってくれる友だちがいることは生活の楽しみを広げてくれる。

ただし、ひとりの友だちに何もかも求めるのは無理がある。誰でも好きなことと嫌いなことがあるからだ。温泉には喜んでつきあってくれる友だちでも、コンサートに誘われるのは迷惑と感じているかもしれないのである。

そこで提案したいのが、ジャンル別の友だちを持つこと。温泉に一緒に行くならこの人、買い物につきあってもらうのはこの人、好きな芝居や映画を観に行くのはこの人、コンサートはこの人……といった具合に、自分が好きなことをするときの相手をそれぞれ別に持つのである。もちろん、相手の趣味嗜好に合わせて人選をするのはいうまでもない。

すでにいる友だちから選ぶのもいいが、積極的におひとり様歓迎のツアー旅行に参加したり、観劇やコンサートの会に入会したりすれば、新しい友だちもできる。友だちの数は楽しみを広げることに直結する。

ときには他人に甘えたっていい

お互いに助け合わないと生きていけないところに、
人間最大の弱みがあり、
その弱みゆえにお互いに助け合うところに、
人間最大の強みがあるのである。

下村湖人《しもむらこじん》　作家・社会教育家

経済的にはもちろん、健康面でも精神面でも自立し、誰かに頼らなくても日々の生活を送れるということが、リタイア後の人生を楽しむ基盤であることはいうまでもない。

しかし、自立して生きているということと、何もかも自分でやり、いっさい人の手は借りないということは違う。

周囲から差し伸べられる助けや心配りを拒否し、頑なに「何でもできる」自分にこだわりつづける必要があるだろうか。年を経ればだんだんできなくなることがでてきて当然だし、体だって無理が利かなくなる。それをカバーしてもらうことは、情けないことでも何でもないのだ。片意地を張りつづけるのは偏屈でしかない。

「ちょっと手を貸してもらえない？」「じつはいま、こんなことで困っていて……」といった思いは率直に告げるべきだ。

相手がそれを迷惑に感じるなどと考えるのは大きな勘違い。人から頼まれごとをされたり、相談を持ちかけられたりするのは、けっこううれしいものなのだ。なぜなら、自分が信頼に足る人間だということを実感できるからである。

頼み上手になるには、ふだん、自分のほうから「何かわたしにできることがあったら、遠慮なくいってくださいね」といっておくこと。その下地があると、自分もずっと頼みやすくなる。

助け合いはきわめて人間らしいコミュニケーションだ。周囲にそういう相手が何人いるか。それが人生の豊かさを決めるひとつの指標といってもいい。

人間通ほど「出しゃばらない」

生きる喜びとは、主役を演ずることを意味しはしない。

福田恆存《つねあり》　評論家・劇作家

芸能の世界には「名脇役」と評価される人がいる。主役を引き立てて、いい味を出す。主役を中心に脇役がそろって、初めて一つの作品ができ上がる。この過程は、よい人間関係を構築するコツにも通じるものがある。

「〇〇さんと話していると気持ちがいい。いい時間が過ごせたという余韻が残る」

周囲の人がそんな印象を抱くとしたら、「○○さん」という人物は、名脇役といえるのである。

会話はキャッチボールにたとえられるが、投げては受け、投げ返すそのバランスは五分五分ではない。その割合は七対三程度がちょうどいい。相手が七、こちらが三だ。

さらに、ただ投げ返せばいいというものではない。「話して楽しかった」というには、相手が受け取りやすいボールをやさしく投げる。その心持ちが重要なのだ。

歳をとるとどうしても自分中心になりがちだ。だからこそ、脇役に徹する姿勢が光るのだ。

考えてみるといい。現役時代に役職の上位に上りつめた人ほど、自分が一歩引いて「三割」の脇役を苦手とする人が多いのではないか。上から目線が染みついたままでいると、リタイア後の新たな人間関係も良好にはならないだろう。

脇役の素晴らしさを知ろうではないか。自分を気持ちよくさせてくれる人、そんな人の一挙手一投足をよく観察してみたらいい。

先輩風を吹かせず、いいおつきあい

望ましい人間とは、他人に圧迫感を与えず、
他人の心を和ませるユーモアを持っていることです。
ドナルド・ケンドール　元ペプシコーラ会長

人には誰にでも得意分野があり、その分野についてはひと言くらい蘊蓄《うんちく》をたれたいという思いがあるものだ。

ゴルフなどがその典型。ゴルフを始めたばかりというビギナーをつかまえて、グリップはどうの、スイングはどうの、と頼まれもしないコーチ役を買って出るベテラン

がどこにでもいる。いわゆる、「先輩風」というやつだ。

上司と部下、先輩と後輩といった上下関係のなかでなら、先輩風を吹かされても甘んじてうかがうということがあるかもしれないが、リタイア後はまったく関係性が違う。誰もが等しくひとりの人間として関係を結んでいるのである。

「こんな歳になってなんですが、ちょっと歴史の勉強を始めましてね」

「いやぁ、歴史はおもしろいですよ。わたしは大学も史学科、卒業してからもずいぶん本を読んでますからね。勉強するなら近代史がおもしろいですよ。ぜひ、近代史をやってください」

本人は率直なアドバイスのつもりでも、こんな言い方は先輩風以外の何ものでもない。相手が「何を偉そうに！　感じが悪いな」と受けとって当然なのだ。上から目線は、もっとも避けなければならない態度だといっていい。

「歴史はいいですね。じつはわたしも興味がありまして……今度、お話ししたいですね」

といった対応をすれば、同好の士としていいつきあいが始まるのに、それを自ら壊してしまうことになるのである。先輩風は封印だ！

現役時代と同じ「時間感覚」を忘れない

現在の一瞬はこの上なくすばらしい一瞬である。
現在夕食に五分遅れることは、
十年間の大きな悲しみより重要である。
サミュエル・バトラー　イギリスの作家

ビジネスマンの心得としてもっとも基本的であり、また、大事なのは「時間を守る」ということだろう。

取引相手とのミーティングに遅刻したら、それだけで大きなアドバンテージを相手に与えることになる。へたをすればまとまりかけていた仕事がご破算になってしまうことだってある。実際、〝苦い経験〟があるという人も少なくないのではないだろうか。ところが、仕事を離れると、ビジネスマンの習性ともいうべきこの感覚をすっかりなくしてしまう人がいる。

リタイア後には、地域ボランティアをするための集まり、気の合った仲間同士の会、趣味関係のイベント……など集団行動をする機会が増えるものだが、どうも時間にルーズになってしまうのだ。

「みんな時間に追われているわけでもないし、少しくらい遅れたってどうということはない。あくせくするよりのんびりやればいい」

そう考えるのかもしれないが、大きな間違いである。ひとりなら時間をどう使おうと勝手だが、集団行動ではルールを守らなければいけない。

そのルールの土台は時間厳守なのである。時間を守らない人間は周囲に迷惑を及ぼし、やがては集団から弾《はじ》き出される。「○○さんはアテにならないから、もう声をかけるのはやめよう」ということになるわけだ。

集団の一員、仲間のひとりとして認められるうえで、時間にルーズなのは致命傷になると考えよう。

時間に区切りがあるから、気兼ねなく楽しめる

時間がたっぷりあるからこそ「管理」が必要だ。
大人のつきあいをつづける秘訣は、
〝切り上げどき〟にあり。

気心が知れた仲間と、とりとめのないおしゃべりをする。ともすると時間をもてあましてしまうリタイア後の生活では、大きな楽しみをもたらしてくれるひとときだろう。誰かの自宅に酒やつまみを持ち寄るというかたちなら、金銭的な負担もほどよく分担されるし、心おきなく口角泡も飛ばせる。

ただし、注意点がひとつ。

時間があるだけに長っ尻になりがちなのだ。ごくたまに遠方の仲間が参加したようなときなら、時間を気にせず心ゆくまで杯を重ね、語り合うのもいいが、毎度、毎度、いつ果てるともしれないという状態では、せっかくの楽しみもどこかに無理が生じてくる。

早い話、自宅を開放する人は大きな負担と感じているかもしれない。ようやくお開きになったあと、片付けもしなければならないし、洗い物だってあるわけだから、疲れた体にむち打ってもうひと仕事である。これはたまらない。

そこで時間管理が必要だ。そう、解散時間を決めるのである。

どんなに盛り上がっても午後九持には解散する。それを全員で申し合わせ、ルールとする。なんなら「九時解散会」などと名称をつけてもいい。

切り上げどきがはっきり決まっていれば、それぞれ自分のペースで飲食できるし、「その話題は次回たっぷりしよう」と楽しみを持ち越すこともできる。

大人のつきあいを長くつづける秘訣もそこにあるはずだ。

シニアに特有の「タブー」がある

**なにげない会話が相手を傷つけることがある。
タブーに触れない心配り、
それが人間関係を和ませる。**

上司や同僚の〝悪口〟をはじめ、仕事関係の話題が中心だった現役時代とはうって変わって、リタイア後は身のまわりのことが話題に上るようになる。とくに子どもや孫はしばしば会話に登場するようだ。

だが、この話題、はたして適切なものだろうか。

「昨日も孫がきましてね。また、玩具《おもちゃ》をねだられました。可愛いから仕方がないけど、まったく困ったもんです」

そんな話をした相手が孫に恵まれず、寂しく思っているとしたら、可愛い孫の自慢は適切なものとはいえない。相手の寂しい気持ちを、いっそう深めることにしかならないからだ。相手があなたを遠ざけるようになったとしても不思議はない。

また、人生いろいろだから、何らかの事情で孫に会えない状況にいることも考えられるし、不幸にして孫がすでに亡くなっているというケースだってある。

「おたくのお孫さんは？」といった問いかけもタブーと心得ること。孫のことばかりではなく、相手の家族関係を探るような話題は、こちらから持ち出さないのが、練れた年代の心配りというものである。

新聞にざっと目を通せば、話のネタはいくらでも見つかる。そのとき注目されている人物や本、テレビ番組などの情報は、車内の週刊誌の中吊り広告からだって拾える。自慢にならない程度に自分の趣味の分野の話をするのもいいだろう。

まずはタブーに触れない。それが老後の人間関係をうまく運ぶ不文律である。

こんな「ダメ出し屋」にだけはなるな!

仲間内で自己主張するのはいい。

しかし、単に「反対!」だけでは意味がない。

対案がなければ、「ダメ出し屋」になって嫌われるだろう。


つきあっている仲間のなかに、こんな人はいないだろうか。一泊で温泉旅行に行くことになり、その相談をしているという場面だ。ある人が発言する。

「○○温泉はどうでしょう。比較的近いし、交通の便もいいみたいですよ」

ふつうは提案に対して前向きに検討するのが大人の態度というものだが、ここでひとりからこんな声が……。

「○○温泉ですか。あそこはうまいものが何もないそうじゃないですか」

みんながその意見を汲んで、「では、△△温泉は？」といえば、今度は「△△温泉は、景色がどうもいまひとつとか」とくる。

しかし、本人に「じゃあ、どこがいいでしょう」と聞くと、「わたしはとくにどこということは……」の答え。

つまり、自分は何も案を持っていないのに、人から出された案に対しては何でも反対するのである。周囲から煙たがられる、もっといえば、嫌われる典型的なタイプがこれだ。

もちろん、自分の意見をはっきりいうのならいい。しかし、この場合は意見ではなく、ただのダメ出しである。自己主張の勘違いである。

こんなダメ出し屋になってしまうと、人間関係は狭まるばかりになる。

「あの人はいつも反対するだけで、何にも考えていないのだから」とそっぽを向かれ、いずれは総スカンを食らうようになるのだ。自己主張するなら、しっかりした対案を示さなければ意味がない。このことは肝に銘じておこう。

「とるに足りないこと」を話すから共感できる

会話は気の利いた話題だから盛り上がるのではない。ちょっと恥ずかしい「身辺雑記」、率直にそれを語ることで気持ちは打ち解けあう。

人づきあいが苦手という人に共通しているのは、会話がうまくつづけられないという点かもしれない。

相手から話題をふられても、杓子定規《しやくしじようぎ》な返答しかできず、それ以上には話が膨らまない。沈黙がつづいて、気まずい空気が生まれる。これが会話ベタの流れである。なぜそうなるのだろうか。

気の利いた返答をしなければいけない、相手の興味をそそるようなことを話さなければまずい、という思いではないか。つまりは、自分を少しでもよく見せようとする、いわゆる「ええかっこしい」の姿勢である。

しかし、相手の心に響き、会話を弾ませるのは、気の利いた受け答えや興味を掻《か》き立てる話題ばかりではないのだ。巧みな語り口でなくても率直に思いを語ることが大切。話題だってごくありふれた身近なもの、とるに足りないことでいい。

「今朝、メガネがなくて探し回っていたら、頭に乗っていたんですよ。そんな落語みたいなことが実際にあるんですね。なんとも面目ない話です」

「いやぁ、わたしも、けっこうそんなことがあって。白状しますが、洗い物をしたあと、エプロンしたままコンビニに行ったことがありましてね」

たわいのない身辺雑記を披露しあうことで、おたがいの気持ちはいっぺんに打ち解けあう。同じようなちょっと恥ずかしい経験を持っている年代だからこそ、共感が生まれ、とるに足りない話題で盛り上がるのだ。

このツボを見逃してはいけないだろう。

「小さな親切」と「大きなお世話」の境目とは

親切という名のおせっかい
そっとしておく思いやり
慈善という名の巧妙な偽善

相田みつを　詩人

人に対する「親切」は人間関係の潤滑油である。ちょっとした気配りや心遣いがあると、関係はずっと親しいものになるし、信頼も生まれてくる。ところが、その一方で親切には落とし穴があるのも知っておかなければいけない。

たとえば、会話のなかで相手から、「このあいだ海外旅行をしたのですが、英会話の必要性を感じましたね」といった言葉が出たとする。

たまたま自分が英会話スクールに通っていた場合、「じつはわたしもいま通っているんですよ」といった話になるのが自然だ。

ここまではいいのだが、親切心が頭をもたげて、「今度パンフレットを持ってきましょう。そうだ、体験システムもあるから、一度いらしてはいかがですか。来週の水曜日あたりいかがですか」とたたみかけたとしたら、どうだろうか。

善意からいっているのはわかるが、相手の気持ちも都合も考えずに、一方的にそれを押しつけるのは、明らかにありがた迷惑、余計なおせっかいである。これは親切の大きな落とし穴だ。しかも、善意がもとになっているだけに、自分では相手に対する迷惑に気づかないことが多いからやっかい。

親切は控えめに出すのが、いいさじ加減といえる。

このケースなら、「もし、スクールに通われる気持ちになったらひと声かけてください。何かお役に立てるかもしれませんから……」くらいにとどめるのがベストだ。

相手から求められたときに的確にそれに応えるのが、理想的な親切のかたちなのである。

リタイアするとつい忘れがちな「聞き上手のコツ」

人からうまく思われたいなら、
自分のいいところを並べ立てないことだ。
パスカル　フランスの哲学者・数学者

ビジネス書には、仕事における良好な人間関係を築くコツとか、商談をうまくまとめる相づちの打ち方……などといった、さまざまな必要なノウハウが展開されている。

現役時代はそうした本を何冊も読んだという人は多いだろう。人間関係の基本原則とされる「聞き上手は話し上手」というフレーズは、いやというほど活字で読み、耳にもしてきたに違いない。実際、それを実践してきたと自負する人も多いはずだ。ところが、現役を離れると、この原則はついおろそかになってしまうようだ。久々に会った友人を相手に自分ばかりが話をしたことはないか、自治会の役員として知り合ったご近所さんを相手に、滔々《とうとう》とまくしたてたりはしなかっただろうか……。

会社を辞めれば、人と会話する機会は極端に減る。一日誰とも会わない日があれば、その日に感じ、話したいと思ったことは吐き出すところなく溜《た》まっていく。だから、人と話す機会があると、とにかく話したくて仕方がない。仕事では利害がからむが、それを気にする必要もないためなのか、つい自分の話ばかりに夢中になってしまう……。

そんな覚えのある人は、まずひと呼吸おこう。良好な人間関係を築くために必要なノウハウは、ビジネスの場面でも、リタイアした後でも変わらない。そのことを再確認することだ。

会話を成立させるには、相手の話を七割、自分からは三割。このバランスがいい。自分の話したい話題をふって、相づちを打ちながら相手がそれについて十分に語ったら、次は話を聞いてもらおう。聞き上手は「人間関係上手」でもあるのだ。

贈り物をするときの〝意外な落とし穴〟

贈り物にはさまざまな意味が込められている。
相手の喜ぶ笑顔が見たいのなら、
真っ先にやめるのは、自分の想いの押しつけだ。

退職後に始めた写真で、日本の四季をテーマに風景や花々を撮ってきた。自分でも腕が上がり、なかなかいい写真が撮れるようになったと自負もある。額に入れて部屋に飾り、来客があったときなどは「どうだ、よく撮れているだろ?」くらいの自慢はしてみたい。「なかなかいいじゃないですか!」と評価されれば、うれしいものだ。

そこで、満面の笑みでこんなふうに答えるかもしれない。

「よかったら、差し上げますよ」

人にものをあげるときに気をつけたいポイントが、じつはここにある。

プレゼントは相手が喜ぶもの、もらって負担のないものであることが大前提だ。

では、このプレゼントはどうだろうか。相手は写真に興味のある人か？　額つきだから飾るということが前提になるが、相手に負担はあると考えたほうがいい。

もちろん、「差し上げる」のは悪気があってではない。「つい、うれしくて」といった気持ちからなのだろうが、それがアダとなるケースもあるということは、知っておきたい。相手は、「家に写真を飾る趣味、オレにはないんだけどな……」と思っているかもしれないのだ。

退職後に始めた趣味は、自分にとっては生活の中心になっているはずだ。おおいに楽しめばいいのだが、プレゼントする気持ちより、受け取る側の気持ちを察する。考えるのはそれが最優先だ。めったに旅行に行かない人に、「お土産だから」と再三、品物をあげるのも、相手に気遣いさせるだけ。リタイア後の経済状況もそれぞれ違うのだから、そうしたことにも配慮すべき、と考えよう。

個人情報にズカズカ踏み込まないこと

友情の価値は、両方が独立性を傷つけずにつきあえるという点にあるのだ。

武者小路《むしゃのこうじ》実篤《さねあつ》　作家

性格的なものなのか、仕事で磨かれた（?）ものなのか、やたらと質問攻めにする人がいる。会社を辞めた後に知り合う人はたいてい、「肩書き」を取り払った相手ということになるから、話の接ぎ穂が見つからず、つい、ということがあったとしても、「どちらにお勤めでしたか?」「仕事から離れて、どのくらいに?」「ご家族は?」「お住まいはどちらですか?」「ご趣味は?」……などと、さながら個人情報を開示せよ、といわんばかりの質問攻めとなると、相手はどう思うだろうか。

「やたらズカズカと、個人的なことを聞く人だな」。本心はきっと「うっとうしい」はずである。

誰もが順風満帆《じゅんぷうまんぱん》に人生を過ごしてきたとはかぎらないのだから、現役時代のことをあまり話したがらない人もいる。もし、家族を亡くしたばかりの人にそれを問えば、気まずい空気が流れることだって考えられるのだ。

たとえば、夫婦で旅行中、ひとり旅の男性と親しくなったとする。〝ひとり〟なのだから、何らかの理由があるかもしれない。親の介護のために生涯独身を通してきた、定年とともに離婚した……。どんな理由にせよ、「奥様はご一緒では?」という質問は配慮に欠けたものといわざるを得ない。

どんな状況であれ、新しく出会い、今後親しいおつきあいに発展するかどうかは、心地よい距離感を保てるかどうかにかかっている。「問わず語り」という言葉があるが、情報を開示するかどうかは相手に決めてもらう。そのほうがずっと親密になれるし、長いつきあいができるはずだ。

いい笑顔がいい人間関係をつくる

楽しいから笑うのではない。
笑うから楽しいのだ。
ウイリアム・ジェームズ　アメリカの心理学者

誰でも他人に対してどこかしらバリアを持っている。しかし一瞬にしてその心の垣根を取り払うのが笑顔だ。笑顔を向けられただけで、ふっと気持ちがやわらいだり、警戒心が溶けていったりしたという経験はだれでもあるだろう。

このように人間関係を結ぶ大きな武器である笑顔だが、概して日本人は笑顔のつくり方がへたにみえる。おそらく、日本人に特有の奥ゆかしさがかかわっているのだろう。

しかし、せっかくの笑顔は、はっきり相手に伝えたほうがいい。外国人の笑顔を思い浮かべてほしい。日本人とのいちばん大きな違いは、歯を見せて笑うかどうかではないだろうか。ここは大事なポイントだ。歯を見せることで笑顔はいっそう明るくなり、伝達力も増すのだ。ハキハキした口調の「おはようございます」「こんにちは」といった挨拶の言葉があるとさらにいい。

いつもいい笑顔で人と接するためには、ふだんからおおいに笑っておくこと。テレビのお笑い番組、コメディや落語のＤＶＤなどを観て、おかしかったら惜しげなく大声を出して笑う。そうしているうちにいい笑顔が習慣になって、自然に出るようになるのである。

人と会うときは、「よし、とびきりの笑顔を伝えるぞ！」と心にひと声かけてから出かけるようにするのもいい。いわゆる自己暗示だが、これだけのことで気持ちがグッと明るくなる。

孤独を癒すには「犬を飼う」という方法もある

幸せを買うことはできないというやつは、子犬を忘れている。

ジーン・ヒル　アメリカの作家

散歩に出るとよく顔をあわせる同年配の人がいるのだけれど、なかなか思いきって声をかけられない。

「そんなことって、ある、ある！」。そう感じている人が少なくないのではないだろうか。そこで、とっておきの手がある。

犬を飼うのである。犬を飼えば毎日ほぼ決まった時間帯に散歩に出て、公園でひとやすみということになる。公園は近くに住む愛犬家たちの憩いの場だ。犬同士がじゃれあったりしたら、絶好の声をかけるタイミング。

「わたしはまだ飼い始めたばかりなのですが、もう、ずいぶん長く飼っていらっしゃるのですか？」

「このコは十歳になるんですよ」

そんなやりとりから、必ず、会話は弾んでいく。言葉を交わしたことがない相手との距離感を、ともに愛犬家だという意識が縮めてくれるからだ。そこから「犬友だち」になるのはたやすい。実際、犬を介して知りあいになって、たがいの家を行き来するような間柄になったという人も多いのである。

ただし、犬の話題が中心になるはずだから、心得ておくべきことがひとつある。相手の愛犬をけなすような発言は絶対に慎むことだ。「お行儀が悪い」「小さい」「太っている」といった類の言葉は禁句だ。

もちろん、飼った犬は最期を看取るのが大原則。自分の年齢を十分考慮して、飼うか、飼わないかを決めるべきである。

ペットを飼う前に絶対に考えておきたいこと

犬の一生はとても短い。
唯一の欠点が、まさにそれである。
アグネス・スライ・ターンボール　アメリカの作家

夫婦二人の暮らし、あるいは、ひとりになってからの暮らしのなかで、大きな癒しになるのがペットの存在である。人なづっこい犬や愛くるしい猫がそばにいると、自然に心があたたかくなってくる。

家族の一員にペットを迎えたいと考えている人は少なくないはずだ。ただし、飼う前にチェックしなければならない点がある。

まず、ペットに人生をまっとうさせてやる準備があるかどうかだ。犬や猫の寿命に自分が寄り添えるか、万一のときに、子どもや親族、友人などに引き受けてくれる人間がいるか。この点は必ず考えておかなければいけない。

犬の場合は、毎日の散歩が必要になってくる。だから、それにつきあうだけの体力がキープできるかもチェックポイントになる。

室内犬でも外に出さなければストレスがたまる。「自分が癒されればペットの幸福はどうでもいい」というのでは飼う資格はない。

旅行は老後の楽しみのひとつだが、そのときペットを預かってくれる人がいるかどうかも問題だ。適当な人がいなければ、ペットショップや動物病院に預けるようになるわけだが、費用は決して安くはない。

また、避妊手術や病気になったときの治療費も覚悟しなければならない。ペットを飼うためには経済的な余裕も欠かせない条件なのである。

これらのチェックポイントが確実にクリアできるか確認する。それが飼い主として最低限求められる条件だ。

3章

いつまでも「洒落っ気」を持っている大人であれ

一点豪華主義のススメ

もっと毎日に「遊び心」を！

ただ、年齢を増やすことによって、
人は老いるのではない。
人々が老けこむのは、
希望を捨ててしまうからだ。

サミュエル・ウルマン　アメリカの詩人

人間が生きていくためにもっとも重要なものは何か。それは食べること。ところが、歳をとると、「食べられれば、何でもいい」と、簡単な食事ですませてしまう人も多いようだ。

でも、食べることは健康を維持するために必要というだけでなく、誰にとっても大きな楽しみのはずだ。ならば、ときには遊びを演出してみてはどうだろう。

それは、高級な食材を買うとか、豪華なレストランで食事をするという意味ではない。ほんのちょっとの遊びでいいのだ。たとえば、こんな演出はどうだろう。

食事は毎日摂るものだ。たいていはすべての総菜が一挙にテーブルに並ぶが、これをちょっと贅沢に演出してみるのだ。懐石風に、前菜、刺身、焼き物、煮物、揚げ物、ご飯・汁物など、その日の料理を一品ずつ順番に出してみるのである。

「そんな面倒なこと、とても無理よ！」

おそらく、妻からはそんな反対の声が飛ぶに違いない。料理をしたことのない夫の提案なら、即刻却下だろう。

自分が料理をつくれないなら、配膳、給仕にその役割を見つけるといい。自分でつくったものとはいえ、給仕されれば妻も満足に違いない。

懐石風にすると、食器や箸、箸置きなどにこだわってみたくなるものだ。「今度、焼き物皿を探してみようか」など、新しい趣味が広がるかもしれない。

食卓が楽しく豊かになれば、心は満たされる。毎日の生活のなかに遊びを見つけるなんて、これこそお洒落じゃないか。

あの頃の「好奇心」を忘れていないか

僕は好奇心が人生最大のエネルギーやと思うな。

榊 莫山《さかきばくさん》 書家

若いころは旺盛《おうせい》だった好奇心も、歳とともに萎《しぼ》んでいく。とりわけ現役時代は仕事に追われ、好奇心は忘れ去られていたかもしれない。

しかし、リタイアしたら再び好奇心を甦らせ、あのときの見果てぬ夢を追いかけてはどうだろう。そのための時間もたっぷりある。実際、学生時代は不完全燃焼に終わったロックバンドを、当時の仲間が集まって再結成し、なまった腕もなんのその、活動に熱中しているおやじグループもある。

若かりし日、シルクロードに好奇心を掻《か》き立てられたという人なら、その旅の映像（NHK特集『シルクロード』など）を見るのもいいし、長大な道のいくつもの拠点について調べてみるのもいい。

敦煌《とんこう》、楼蘭《ろうらん》、トルファン、ホータン……。歴史に彩られた古《いにしえ》の地を写真や文献でめぐる旅は、きっと時間を忘れるものとなるはずだ。もちろん、彼の地への旅を決行すれば、これ以上の醍醐味はない。

いまは「鉄ちゃん」「鉄子」という名がすっかり定着し、一大鉄道ブームの感があるが、かつて鉄道ファンだったという人も少なくないのではないか。だったら、いまからでも遅くない。鉄ちゃんや鉄子として名乗りを上げればいいのである。

写真を撮る。ローカル線に乗る。駅弁を食べまくる……。何でもいい。自分の好きなやり方で思う存分鉄道を楽しむ。

夢中になれることがひとつでもあると、気持ちは格段に若返るし、好奇心の対象もどんどん広がっていく。

あなたはスーツを脱いでもお洒落な人？

お洒落は自分のためにするのではなく、
半分以上は、自分に接する人たちの眼に、
気持ちよく映るように、と思ってするのだから。

宇野千代　作家

歳を重ねるにしたがって、なぜか、女性のファッションは色彩豊かになり、男性は地味になる。

なぜなのだろうと考えると、男性はそもそも「色」に慣れていないからではないかと、推測がつく。ビジネスマンの「制服」といえばスーツだ。紺、あるいはグレーというのが定番だろう。それを脱ぎ捨てるとき、さて、どんな服装をチョイスしていいのか、迷う人は多いかもしれない。

リタイア後は出かける機会が減る。一日家から出ない日もあるだろう。「今日は家にいるのだから、このままでいいか」と、パジャマかスウェットのまま一日を過ごす。「今日も、ま、いっか」……そう思っているうちに、しだいにパジャマが普段着になってしまっているとしたら、これは問題だ。朝の毎日の習慣だったひげ剃《そ》りも、一日おきになり、二日おきになり……という具合だ。

そんな姿を鏡に映してみるといい。どんなふうに映っているだろうか。当然、妻からは叱責が飛ぶが、独り身だとしたら、誰もその姿に歯止めをかけてくれる人はいない。

人は「他人の視線」によって磨かれるという。視線が注がれることを知っているからこそ、姿勢を正し、ファッションにも気遣う。現役時代は曲がりなりにも、そうしてきたはずだ。何も新しいことをするわけではない。つづけてきた習慣を、ただ取り戻せばいいだけだ。センスの善し悪しはひとまずおいておけばいい。

まず、毎朝洗濯したての洋服に着替えて、鏡の前に立つ。そう、姿勢を正して。

好感度の基本は「清潔感」にあり！

人の目がないと身だしなみは乱れがち。
全身が映る鏡を置いて、
「清潔」の自己チェックを怠らない。

少なからず周囲の目が気になるのが人間だ。お洒落に気を使うのも「だらしなく見られたくない」という思いがあるからだといっていい。その意味で老後の生活、とくにひとり暮らしになった場合は注意が必要になる。

配偶者がいるうちはまだ、「ちゃんとお風呂に入ってくださいね」「そろそろ散髪に行ったら？」「シャツは着替えた？」といったアドバイスがあって、好むと好まざるとにかかわらず、きちんとした身だしなみでいることができる。

ひとり暮らしにはそんなアドバイザーがいない。その結果、髪はぼさぼさの着たきりすずめ、無精ひげに伸びた爪といった状態にもなりかねないのだ。

身だしなみの乱れは気持ちの乱れにもつながっていく。昼になって万年床からのそのそと起き出し、散らかった部屋でボーッとテレビを見るといった生活にもなるのである。

まずはお洒落の基本である清潔を心がけよう。毎日の入浴、朝晩の歯磨き、ひげ剃り、髪の櫛《くし》入れ。これは必ずしたほうがいい。

身につけるものは高価である必要はないが、洗濯が行き届き、ほころびなどがないものにする。

清潔度をチェックするのは自分自身だから、全身が映る鏡がひとつほしい。一日でもっとも多くの時間を過ごすリビングなどに置いておき、こまめにチェックするといい。それを習慣にしてしまえば、自然に清潔に対する目配り、気配りもできるようになる。

「今日は何を着て出かけよう」という発想

**「身なりは気にしない」とうそぶくのはおおいなる損失。
ちょっとのお洒落でも、
その先に、若々しく変身した自分がいる。**

仕事を辞めて自宅での生活が中心になると、すっかり老け込んでしまう人がいる。気持ちのハリがなくなるのも大きな原因といえるが、案外、身なりも原因のひとつになっている気がするのだ。

現役中は曲がりなりにもスーツを着てネクタイを締め、一応は身なりに気を使ってきたはずだが、リタイアするとその気遣いが一気に失せたりする。

近くのコンビニには、くたびれたジャージの上下を着て平気で出かける。なかにはパジャマ代わりのジャージで一日中過ごすという人もいるようだ。

「もともと身なりを気にするほうじゃなかったし、いまさらお洒落をしたってしかたがない」というのがそんなタイプの言い分だが、ここは食わず嫌いを返上して、いまさらだがお洒落をしてみることをすすめたい。試しに、少し高級なシャツでもセーターでも一枚買ってみるのだ。

ブランド品、高級品は生地も仕立てもセンスもひと味違う。着心地が抜群にいいし、鏡に映してみると、見違えるほどかっこいい。「馬子《まご》にも衣装」は真実をついた格言なのである。

いったん食いついてみると、お洒落は間違いなく楽しくなる。今度はジャケット、次は靴といった具合に、アイテムを揃えたくなるし、センスも磨かれていく。

しかも、身なりが洒落たものになると、気分も引き締まり、姿勢や歩き方まで変わってくる。外出したくもなるだろう。

これなら、老いが入り込むスキなどなくなるのである。

定期的にお洒落をする機会をつくる

メリハリのない毎日に刺激がほしくなったら、
めかしこんで出かけるといい。
「まだまだ社会の一員だ」と感じるだろう。

現役時代には、朝目覚めると〝出勤する〟という目的があった。何時何分の電車に乗らないと出社時間に間に合わないから、家を出るのはいつもこの時間……。何十年とくり返してきた毎日の習慣は、リタイア後に一変する。「毎日が日曜日」という日々はメリハリがない。そんな日々がくり返されていたら、気力はしだいに萎《な》えていくしかない。

　早期に、積極的に何らかの目的を持たないかぎり、そうした日々からの脱却は難しくなる。

　目的はなんでもいい。たとえば、定年を迎えると同窓会ラッシュとなる。中学、高校、大学の同窓会の知らせが届いたら、躊躇《ちゅうちょ》なく参加したらいい。親しい仲間から「月に一度は飲み会を開こうぜ」なんて誘いがあったら、おおいに賛同するといい。

　定期的にカルチャー教室に通うのもいい。できれば、電車に乗って出かける場所を見つけるといいだろう。いつもの自宅周辺ではなく、改まって出かけるのだ。人で賑わう街並に身を置くと、ふだんの日常にはない刺激に触れることができる。「おっ、この店、まだ健在じゃないか」「昔は満員電車を苦痛に感じたこともあったが、久しぶりだと、なんだか新鮮だ」。社会と切り離されることに、人は大きな孤独感を感じるものだが、そんな気持ちを一瞬、吹き飛ばしてくれるのではないだろうか。

　そして、出かける日は目いっぱい、お洒落をしていこう。タンスに吊《つ》り下がったままのスーツでも、新しく買い求めたジャケットでも、ふだんは手を通す機会の少ない服装でシャキッとする。大切なのは、メリハリのない日々からの脱却なのだ。

いつまでも「恋心」は忘れない

「素敵だな」と思うワクワク感。
恋心を抱くのに年齢は関係ない。
そんな気持ちが〝老い〟を遠くに追いやる。

さまざまな経験を積み重ねて、人生も晩年に入るころになると、胸がときめくことが少なくなる。じつはこれが老け込む大きな要因になっている。その悪しき傾向に歯止めをかけるのが「恋心」である。

異性に対して「きれいだな」「素敵だな」と思うワクワク感。そのエネルギーは生活をガラリと変えるほど大きいのだ。

たとえば、趣味で通い始めた俳句の会に魅力的な異性がいるとする。会がある日は洋服もこざっぱりとしたものを選び、いつにも増して鏡で髪型やひげの剃り残しをチェックするだろう。女性なら、ふだんはつけないスカーフで襟元を飾るかもしれない。いつかそれが習い性となって、身だしなみに気をつける生活を送るようになる。

実際に恋心を抱く相手がいるに越したことはないが、バーチャルでも十分に効果はある。テレビで見る芸能人のなかにお目当てがいたら、おおいに心をときめかせればいいのだ。

友人たちが集まったら、「あそこが痛い」「ここの調子が悪い」といった不健康談話に終始しないで、異性の話題を持ち出してみよう。

「あのドラマに出ていた女優、いいねぇ」「いや、俺は脇役の彼女のほうが色っぽいと思うな」といったたわいのない話が、その場にいる全員のワクワク感を引き出すことになるのである。

どんなかたちでもいい。恋心があれば、老いはどんどん遠ざかっていく。

「歳相応」のさじ加減ができる人、できない人

無理な若づくりは、年齢を浮き彫《ぼ》りにする。
若さにこだわるなら、心を開いてみたらいい。
若い心が、そこに見えるか?

ファッションに関しては、若いころからセンスがいいと友人間で評判だった。いま六十歳を越えた世代では、当時の若者ファッションといえば、アイビールックということになるだろうか。いち早く取り入れて、友人の間では「やるじゃん」なんて喝采《かっさい》を浴びたものだった……。そんな人はいまでも、ファッションにはこだわりを持って

いるようだ。流行には敏感で、ブランドものにもこだわりを持っていたりする。

しかし、流行はいつか廃れるものだし、流行をつくり出す側は、多くの場合、若者をターゲットにしている。そんな商業戦略にのせられることはない。

人間は誰だって歳をとる。顔にはシワが刻まれ、腹も出れば、尻もたれる。背中だって丸くなり、体型は若いころとは確実に違ったものになる。それが歳をとるということである。

それでいいではないか。年齢を無理に取りつくろう必要はない。他人から「見える」ままで十分だ。

しかし、若く見られる人がいて、老けて見える人がいる。その差は何か。やはり、内面の問題ではないだろうか。若い感性を吸収できる柔軟さを持つか、凝り固まった姿勢をくずそうとしないか。そこに〝若さ〟の差があるのではないか。お洒落を楽しむなら、歳相応のさじ加減がスマートに見えるものだ。それを自分のスタイルにできればいい。

もちろん、若さの演出はファッションにかぎらない。フルマラソンに挑戦するのもいい。そして、準備万端、侮《あなど》らない心持ちこそかっこいいのだ。

「好きなことひとつ」だけは贅沢を楽しむ

何かひとつ生活を豪華にする。
そんな小さな贅沢が、
豊かさと潤いをもたらしてくれる。

とくに経済的に余裕があるというわけではないのに、豊かで潤いのある生活を送っている人がいる。その秘訣はどこにあるのか。
こんな人がいる。ひとり暮らしの午後、お湯を沸かして大好きな紅茶を一杯飲む。茶葉はいちばん気に入っているアールグレイ、注ぐのはイギリス王室御用達ブランドのウェッジウッドのティーカップだ。

とりわけ食器類に凝っているというわけではない。家にある高級品はこのティーカップひとつだけ。

しかし、それで紅茶を楽しむひとときは、かけがえのない、ゆったりとした時間をもたらしてくれる。一〇〇円ショップのマグカップでは絶対に味わえない生活の潤いである。

こうした「一点豪華主義」は、心豊かに暮らすための貴重なヒントといえそうだ。

ワインが好きなら食事のときに銘柄のワインをグラス一杯だけ飲む、入浴時に使う石けんは香り高い極上品にする、テーブルに置く一輪挿しをちょっとした工芸品にする、音楽が趣味ならオーディオのスピーカーだけはいいものを揃える……。

自分の興味や関心、趣味に合わせて、ひとつ豪華さを取り入れると、生活は華やいだものになる。

贅沢には違いないが、一点限定だから、リタイア後の生活でもそれほどの負担になることはない。いや、多少の負担になったとしても、精神的に得られるものは、それよりずっと大きいのである。

この「至福のバスタイム」があれば、病気とは無縁です

たちのぼる湯気には、元気の源がある。
ゆったりと体の芯を温めてやれば、
体力も気力も、そうそう落ちることはない。

入浴には日々の汚れを洗い流すだけではない、すばらしい効果がある。まず心をリラックスさせてくれるということだ。浴槽に身を沈めれば、体はゆったりと解きほぐされていく。入浴剤を入れれば、その香りがさらにリラックスを誘う。

そして、もうひとつの重要な効果は、体を芯から温めてくれるということだ。

年齢を重ねてくると、何枚重ね着しても「寒い！」と感じることはないだろうか。人間の体は体温が一度低くなると、脳の働きが低調になり、免疫力も三七パーセントダウンする。すると風邪をひきやすくなったりするなど、体調管理が難しくなってくる。

反対に、体温が一度上がると、免疫力はおよそ六〇パーセントも活性化するのだそうだ。

冬に、何枚重ね着しても「寒い！」と感じるようなら、入浴で体を芯から温めよう。コツは、ぬるめの湯にゆっくりである。お湯の温度は四〇℃くらい、三〇分～一時間、ゆっくりと入り、入浴後は湯冷めをしないように、しっかりと汗を拭いてからベッドへ。

ただのお湯でも十分なのだが、温泉入浴剤、あるいはゆずやグレープフルーツ、オレンジなど、柑橘《かんきつ》類の皮を入れてみるのもいい。柑橘類の皮は、香りがいいだけでなく、体を芯から温める効果にすぐれているからである。

体調が悪くなると心まで萎えてしまう。そうならないために、毎日の入浴を心がけたいものだ。

一日にメリハリをつける、この〝ひと手間〟

時間はあなたの人生の貨幣である。
あなたが所有する唯一の貨幣であり、
それをどう使うかを決められるのは、あなただけだ。
カール・サンドバーグ　アメリカの作家

自由気ままに一日を過ごせるのも、仕事から解放された生活の特権だが、逆に考えると、日がな一日、何をするでもなくのんべんだらりと費やしてしまうことにもなりかねない。けじめのない生活は気持ちをだらけさせ、何に対してもやる気が起きないといったことにもつながる。

そうならないためには、一日の大まかな時間割をつくることだ。起床と就寝の時間を決め、その間をすべきことで割りふっていく。三度の食事の時間、洗濯や掃除の時間、買い物の時間、趣味にあてる時間、散歩の時間、テレビを観る時間、入浴時間、読書の時間……といった具合だ。

フリーの時間をつくって、そこで図書館に出かけたり、買い出しに行ったりなど、少し遠出をして、そのときどきに思いついたことをするのもいい。予定が決まっていると、てきぱき動くようになるし、気持ちも前向きになる。

ただし、時間割はあくまで大まかなものだから、体調や天候などによって変更してもいいし、スキップしてもいい、と考えること。「あぁ、今日はあれをサボってしまったな。これも時間どおりにできなかったな」などと悔やんだりすれば、かえってプレッシャーになってしまうからだ。

たまには、ＤＶＤに観入って夜更かしするのも、友人と飲んで入浴せずに寝てしまうのもよし。

翌日は、ハメを外した前夜のことは忘れ、また新たな気持ちで一日を始めたらいいのである。

4章

最低限知っておくべき「お金の計算」

この「準備」と「心構え」さえあればいい！

「身の丈に合った暮らし」がすべての基本

金銭は第六感のようなもので、
これがないと他の五感も満足に働かない。

モーム　イギリスの作家

楽しみながら老後生活を送るための条件とは何だろう。

真っ先にあげられるのは「自立」しているということである。子どもの家族にいろいろと面倒をかけているというのでは、遠慮もあるだろうし、そうそう自分の楽しみを満喫するというわけにもいかない。

自立の基盤はやはり、金銭的な面で自分の生活を賄《まかな》えるということだ。その原資は年金と退職金などの蓄えが中心になる。

公益財団法人生命保険文化センターの『生活保障に関する調査』（平成二二年度）によると、老後に、ゆとりある生活をするためには夫婦二人で月に平均三六・六万円が必要になるという。

「そんなにかかるのか」「その程度でいいの」と、感想は個人の事情によってさまざまだろうが、いずれにしても、持っている範囲でやりくりするしかない。

そこで、一度、使えるお金がいったいどのくらいあるかをチェックすることをすすめたい。うまく管理するには、まず総量を正確に知っておくことが必要だからだ。

そのうえで、最低限の生活に必要な経費を計算し、残りをゆとり経費と考える。ゆとりは心の持ち方しだいだから、余裕があれば年に一、二回は海外旅行をしてもいいし、なければ月に一度、ちょっと贅沢な外食ということでもいい。要は身の丈に合ったゆとりをいかに楽しむかである。

その前提になるのが総量チェック。さあ、すぐにやってみよう。

虎の子の「退職金」を守るために知っておきたいこと

金は人生の手段であって目的でない。
多少見識のあるものは皆之《これ》を知って居《お》る。
が、年を取ると、之を目的とするようになる。

三宅雪嶺《みやけせつれい》　哲学者・評論家

サラリーマンの場合、退職金は人生最後に手にする大金になる。ちょっとワクワクもするだろうし、緊張もするに違いない。

「いやいや、老後の資金だから大切に使わなければ」と、誰もが思っているはずなのだが、世間には、先物取り引きで損をした、未公開株を売るといううまい話にのせられたなど、投資話にまんまと引っかかってしまい、せっかくの虎の子を失ってしまう人が後を絶たない。老後の生活設計が破綻し、ストレスからうつ病になる人も少なくないのだ。

「まだまだ、そんな話にだまされるほど、歳はとっていないよ」

どうぞ、その心意気は保ちつづけてほしい。

しかし、人間という生き物は、いくつになっても、欲だけは枯渇《こかつ》させないようだ。金利も株価も低迷していることが影響しているのだろうか。投資した金額がすべてマイナスだとしたら、虎の子を資金に、それを取り戻そうと考えることもあるのだろう。

「足るを知る」という言葉がある。満ち足りたいまを大切にし、それ以上は望まない。満足することを知っていれば、人生はそれだけで豊かなものになる。この言葉はそういったことを教えている。

それでも投資を考えたいという人は、リスクを覚悟する必要がある。

老後の生活資金を綿密に計算したうえで、余剰があるなら……だ。これを大原則に考えたい。大金を失ってからでは、遅いのである。

お金は「生きているうちに使ってこそ意味がある」

富める人がその富を自慢しても、
彼がその富をいかに使うかがわかるまで、
彼をほめてはならぬ。

ソクラテス　古代ギリシアの哲学者

年金が主な収入源になると、誰でもお金の使い方をあらためて考えるようになる。ある程度の蓄えはあっても、この先の人生、何があるかわからない。備えは十分にしておかなければいけないということだろう。

そこで、中国古典のいう「入るを量《はか》りて出ずるを為《な》す」、つまり、収入を計算して支出を考えるという姿勢がより強くなるかもしれない。

もちろん、後先を考えずパッパとお金を使うのは感心しないが、あまりに緊縮財政にこだわるのはどうだろうか。友人からの誘いにも、「つきあいには金がかかるからな」と応じず、たまには温泉にでもと思っても、「いやいや、がまんがまん」というのでは寂しすぎないか。

老後の人生は〝おもしろく〟〝楽しく〟が基本である。それを実践するには「いまの自分のため」に使うお金を惜しまないこと。

先に行けば行くほど、体力も気力も衰えていくのは明らか。「そろそろ先のめどが立ったから、さぁ、楽しもう」という段になって体が動かないというのでは、使いたくたって使えないのである。

お金は生きているうちに使ってこそ意味がある。

友人たちと酒を酌み交わし、語りあい、ゆったりと旅をして、趣味も楽しむ。そんな時間がなくては、老後の生活は無味乾燥なものになってしまう。

いくら蓄えを残したからといって、あの世に持って行けるわけではないのだ。この世で自分のために使い切って旅立つというくらいにかまえているのがいい。

「余計な見栄」なんて きれいさっぱり捨ててしまおう

貧者が物惜しみしなければ、
浪費だといわれる。

ボーブナルグ　フランスの思想家

だいたい同時期に定年退職を迎えた者同士なら、それほど気遣いはいらない。かつてはおごったりおごられたりした仲間も、「オレたち、年金暮らしだから」となると、ワリカンは心得ている。

もう見栄を張っている場合じゃない。そんな共通認識があるからか、飲み会の支払いも、いたってスムーズになってくる。高級なバーから集う場所を居酒屋に移しても、誰も異議は唱えないだろう。それこそ大人のつきあいだ。

ところが、親戚関係となると、少し複雑である。独り身で人生を過ごしてきた人ならなおのこと、甥《おい》や姪《めい》には、多くのことをしてきたのではないだろうか。会えば小遣いをやり、折々の成長にプレゼントは欠かさなかったのではないか。彼らにとっては、気前のいいおじさんの印象だっただろう。

しかし、彼らもすでに立派に成長しているはずだ。いつまでも気前のよさを披露する必要はない。

考えてみれば、独り身を通してきた人は、出費ばかりが嵩《かさ》んできたのではないだろうか。結婚で祝われたこともなければ、出産祝いも無縁のものだったはずだ。人間関係はけっしてプラスマイナスで考えるものではないが、何だか不公平だなあ……と感じている人もいるに違いない。だが、それは自分自身がしてきたこと、したいと思ってしてきたことだから、帰結をそこに求めるのは間違っている。

いいじゃないか。もうこれからは気前よくする必要はない、そう割り切ってしまえばラクになる。

「与えすぎ」は相手のためにならないと心得る

子どもには与えすぎてはいけない、守りすぎてもいけない。頼りすぎてもいけない。孫へも同様だ。ここぞというときの最大の理解者になるだけでいい。

自然界では早い時期に親は子を放し、子は親から離れて巣立つ。当たり前の営みだ。しかし、人間はどうだろう。子はいつまでも親に頼り、親は頼られることを嬉しいとさえ思っている。

もちろん、そうした関係を否定するつもりはないが、金銭的なかまいすぎは、けっしてよい結果をもたらさない。

車がほしい、結婚資金を出してほしい、家を買いたいから援助してほしい。孫が生まれれば雛《ひな》飾り、鎧兜《よろいかぶと》……と、それこそ湯水のように子や孫にお金を使う。お金を出せば、口も出したくなろうというものだ。すると、支配、非支配の関係がずっとつづくことになるのは目に見えている。舅《しゅうと》、姑《しゅうとめ》の立場にいれば、嫁や婿《むこ》との関係だって、ギクシャクするかもしれないだろう。

子どもは子どもの人生を送っていかなければならない。親も子も、お互いに頼りすぎないことだ。だから、お金も口も出さない。そう決めてしまえばいい。

もちろん、よほどの窮地に陥ったときは最大の味方になってやる。できる援助だって、惜しむつもりはない。そう考えているはずだ。「そのとき」を見きわめて、手を差し伸べてやればいいのである。

ダラダラと与えつづけるのは、もうおしまいにしようではないか。

人生で経験しなければいけないことは自分たちの力で経験させる。それが子や孫のためだと思うのだ。

身のまわりを豊かにすることをおろそかにしない

惜しまなければいけないお金の使い方がある。
消耗するだけのものには使わない。
しかし、心をはずませる身繕いに惜しむことはない。

「若いころはあれこれほしがったものだが、歳をとるとほしいものもだんだんなくなってくる。それでも必要なものは出てくるが……」

最近めっきり、身のまわりのものを買う機会が減ったと感じている人は多いかもしれない。現在あるもので十分、ムダなものは買わない。いい傾向である。

しかし、ほしいものがなくなるというのは、はたしていいことなのだろうか。

新しいものを買うという行為は新鮮だ。たとえばコート。それを身につければ、街中を歩きたいという思いにもつながる。新しいコートがそんな思いを引き出すことだってあるのだ。パジャマを新しいものに替えたら、なぜか、気持ちよく眠れたりもする。

このように、「新鮮」と感じることを封印することはない。もちろん、老後の資金を考えれば、そうそう贅沢はできないが、不要と思うものを安さにつられて買うより、良質なものを一点に絞るほうが、結果的に安くつくはずだ。二～三年でヨレヨレになってしまうか、確実に一〇年は持つものを買うか。気分としては、後者のほうがずっと豊かではないか。

考え方としては、いまこのときだからこそ、妥協した買い物はしないと決めるのである。

質のよいものは快適であり、機能性にも富む。そして何より、失われてしまいがちなお洒落心も満足させてくれる。だとしたら、安い買い物ではないか。

身のまわりを豊かにすること。それをおろそかにしてはいけない。

こんなにあるシニアの特権を見逃すな

シニアならではの特権がある。
おおいに利用すればいい。
暮らしの豊かさが、断然、違ってくる。

かぎりあるお金をいかに効率よく使うか、使わないかで、老後生活の豊かさに大きな差が生まれる。

おおいに利用したいのがシニアを対象にしたさまざまな特権だ。日常的な娯楽の代表ともいえる映画では、六十歳以上に格安な料金が設定されている。施設によって異なるが、通常は一八〇〇円なのに、一〇〇〇円で観られたりする。差額の八〇〇円で軽いランチくらいは楽しめそうだ。

旅をする際の航空運賃にもシニア割引がある。JAL（日本航空）の場合、空席があれば主要路線が片道一万二〇〇〇〜一万六〇〇〇円。東京〜札幌間の普通運賃は三万三〇〇〇円台だから格段に安い。

ホテルも格安で泊まれる。たとえば、日本をはじめ世界中二〇〇〇カ所で営業しているマリオットホテルでは、六二歳以上に一五パーセントのディスカウント料金を設定している。国内の温泉地のホテルや宿でもシニア料金を導入しているところがたくさんある。

そのほか飲食店やレジャー施設、美術館や博物館などの公共施設にもシニア料金がある。飲食店では五〜一〇パーセントのディスカウントというところが多いようだが、ひとりシニアがいれば、そのグループ全員を割引料金にしてくれるというところもあるから利用価値は大きい。

特権を最大限に活用するのが、豊かで賢いシニアの暮らし方だ。

老後の生活で気をつけたい、こんなムダ

ムダを削ぎ落とせたら、
どんなにスッキリするだろう。
体に抱えてしまった脂肪も、お金も、同じである。

老後の生活にとって、ムダは大敵となる。少しでも節約を考えるのが当然だろう。
定年後はパソコンを使って家計簿をつけ始めたという人もいるかもしれない。
どの程度なら贅沢をしても大丈夫か、節約すべきか、自分でも把握しておきたい。
それまでは妻任せだったという人も、老後の計画は共有しておきたいと考えるだろう。

いまどきは、公共料金やカード決済、保険料、電話やインターネットの通信料など、ほとんどの人が自動引き落としを利用しているのではないだろうか。毎月請求書が届き、銀行口座から引き落とされる。便利なシステムではあるが、支払っているという自覚が希薄になってしまうのも事実だ。

だから、不要な支出はないか、いま一度、確認してみてはどうだろうか。

たとえば、「映画を観るのが好きでね」「毎日の大リーグは欠かせないね」など、テレビの有料チャンネルに契約している人も多いかもしれない。

では、そのチャンネル、どのくらい視聴しているのか。家にいて四六時中テレビをオンにしているか。

また、携帯電話をスマートフォンに替えているとしたら、パソコンの利用も減っているのではないか。

必要経費と考えていたものも、見直してみると、案外節約できるかもしれない。

半年に一度、一年に一度、それらの契約を見直してみてはどうだろう。節約ポイントが見つかるはずだ。

資産はなるべく一本化しておく

自分はいくら持っているのか。
どこに預けてあるのか。
お金の確認は大切な仕事だ。

あなたは預金通帳をいくつ持っているか。証券会社との取り引きは何カ所あるか。「利率のいい金融機関をそのつど選択してきたし、目的別に分散したほうがいいと思い、そうしてきた。実際、必要支出ごとに分散しておくのが、管理しやすかった。証券会社も、取り引きは一社ではない。危機分散という考えもあったから」

若いころは引っ越しなども影響して、いくつかの銀行に口座を持たざるを得なかったというケースもあるだろうから、通帳の数だけは多いという人もいるかもしれない。危機分散という考え方も、時代を顧みれば当然だったに違いないが、リタイアを機に、そろそろ一本化を考えてもいいのではないだろうか。

老いを見つめる。そこに考え方をシフトするべきときが、もうやってきている。いくつもの機関と取り引きをつづけて、それを処理するのが負担になってしまったとしたら、不安を募らせるのは自分であり、家族なのだ。

スッキリと一本化することを始めるといい。金融機関を一カ所にまとめておけば、老後資金は明確にわかる。融資が必要なときも、総額の残高で有利になる。株価の変動も比較検討しやすいというメリットがある。

資産を一目瞭然にできるというのが、これからの生活では大切になってくるはずである。

夫の死後、資産管理にかかわってこなかった妻が不安になるのは、金銭的な問題が多いと聞く。妻の不安をやわらげるためにも、情報は共有しておくといいだろう。

節約を「妻任せ」にしない

エコ生活も、やってみれば楽しいものだ。
レシートを集めるところから始めてみるといい。
ムダが省かれていけば、もっと愉しくなってくる。

コンビニでミネラルウォーターを一本買うとしよう。このときあなたは、レシートをもらっているだろうか。「いや、そんな面倒くさいことしないな」というのであれば、今日からはどうぞ、レシートをもらうようにと提案したい。

「レコーディングダイエット」というのが一時期流行ったことがあった。一日に食べたものをすべて書き出し、どれだけ余分なものを口に運んでいるかを洗い出し、それらを排除してやせるという方法だ。

たしかに、「効果あり！」の人は多かったようだ。ダイエットではないが、この方法でタバコをやめた人もいる。チェーンスモーカーだったその人はタバコに手が伸びるたびに時間を書き込んでいった。その結果を見て驚愕したという。「このままじゃ、まずい！」と感じてタバコはすっぱりやめたそうだ。

レシートをもらう習慣をつけるという提案は、この方法で家計のシェイプアップを図るためである。「そうしたことはずっと妻任せだったから」という人も多いと思うが、だからこそ、やってみるといい。将来ひとり暮らしになる場合も考えられるのだから、家計の管理術をそろそろ始めてはいかがだろう。

「妻の仕事を取り上げることにならないか」と心配なら、「節約の知恵作戦」とでも名づけて、二人で一緒に始めてはどうだろうか。

日々の買い物は、知らず知らずのうちに余分なものが混ざり込んでしまうものだ。「買いだめはしないで、買い物は週二回。使い切ってからにしてみるか」なんて会話ができれば、おもしろいではないか。

これがベストの資産管理術

少しずつ、心細さが増してくるとしたら、いま元気なうちに、頭がクリアなときに、お金を管理する方法を考えておきたい。


資産がどのくらいあるのか、親は子どもにあまり話さないようだ。

「リタイアしたばかりで、これから先、まだ何が起こるかわからないじゃないか。それに、資産状況を知らせるのは、子どもにとってもよくない」

たしかに、親がどれほどの資産を残しているかを知れば、子どもはそのお金をアテにしてしまうかもしれない。だから「いまはまだ」というわけである。

しかし、不測の事態はいつだって起こりうる。あまり考えたくはないが、妻に先立たれ、ひとり暮らしになったとき、自分の身にいつ何が起こってもいいように、資産を管理する方法を、いまから考えておくほうが賢明といえるだろう。

自宅に金庫を置き、そのなかにすべて収めているという人もいるらしいが、これもまた、いつ何が起こるかわからない。盗難にあえばすべてを失ってしまうかもしれない。

人それぞれの考え方だが、自宅に置く現金は最小限にしておくのがいいのではないだろうか。

証書、実印の類はまとめて貸金庫に預けておくという方法がある。どの金融機関も利用料金は年に七〇〇〇～八〇〇〇円程度。この金額を高いと思うか安いと感じるかは、もちろん人それぞれだが、管理の方法としては安心といえる。

そして、もしものことがあることを考えて、保管場所を、きちんと子どもに伝えておけばいい。

将来のために「惜しんではいけない出費」がある！

できないことが多くなってくる。
手助けしてくれるサービスが利用できるなら、それは必要経費と考える。

快適な生活を送るために住環境は大切だ。スペースはそれほど広くなくても、住まいが清潔できれいに片づいていることが、快適に暮らす基盤になるのはいうまでもないだろう。

ただし、風呂場やキッチンなど水回りの掃除はけっこう大変なもの。「しんどい！」

と感じるようになったら、掃除の代行サービスを頼んだらどうだろう。風呂場、キッチンなど掃除が必要なスペースだけ頼めるし、シルバー人材センターなどから派遣してもらえば、費用もそれほどかからない。

風呂場は汚れ放題、キッチンは洗い物がたまっているという生活では、気持ちが滅入ってくる。掃除の出費は快適生活のための必要経費と考えよう。

また、買い物が大変になってきたという人もいるはず。これも家事代行サービスがあるから利用するといい。あるいは、近くのスーパーでまとめ買いをして、そのときはタクシーや配達サービスを使うという方法もある。

ひとり暮らしになると、食事もコンビニの弁当がつづくなど、疎《おろそ》かになりがちだ。これでは健康維持の面でも問題だし、楽しみのひとつである食事が味気ないものになってしまう。

栄養バランスもバリエーションも考えたメニューを届けてくれるサービスもあるから、一度、検討してみてはどうだろう。

こうした生活に必要な経費は惜しまないことも、老後を楽しく暮らす重要なポイントなのである。

5章

六十、八十、そして百歳へ――機嫌よく豊かに暮らすコツ

たった一度の人生、自分の居場所をつくる！

肩書きに頼らずに自分の居場所をつくる方法

肩書きは愚か者の飾りにすぎない。
自分の名だけで十分だ。

フリードリヒ二世　神聖ローマ皇帝

地域活動や趣味のサークルなどに参加すると、さまざまな人たちとの出会いがある。そこからいいつきあいが生まれたりするが、一緒に楽しんでいけるかどうかは、第一印象にかかっているといってもいい。

新しく出会った人と親しくなるきっかけは、おたがいに自己紹介をすることだろう。

しかし、こんなのはいただけない。

「商社だったものですから、ほとんどヨーロッパ中心の海外生活でしたね。最後は本社の常務をつとめましたが……」

第一印象としては最悪。相手に煙たがられるのは必至である。

語るべきはリタイアした現在の自分のこと。過去の自慢に終始したのでは、好印象を持たれるわけがない。

すでになくなっている肩書きを吹聴するのは愚の骨頂だ。自分をみっともなくさせるだけだということに気づいたほうがいい。

「昔からやってみたいと思っていたので、この囲碁サークルに参加しました。どうぞ、下手な碁におつきあいくださいい。よろしくお願いいたします」

いいつきあいは、こんな謙虚な自己紹介から始まるものである。

リタイアしたら頭を切り換えて、タダの人同士のつきあいに無用な過去の経歴など、すっぱり忘れてしまうことだ。

それができないと、どんな集団のなかでも、はぐれ者になってしまう。待っているのはつまらない生活だろう。

生き甲斐なんて、これから自然に生まれてくる

春を楽しむように人生を楽しむ心があるならば、
やがてまた春のそよ風のように、
心もやわらいで、生き甲斐も感じられてきます。

松下幸之助　実業家・発明家

「生き甲斐症候群」という心の病をご存知だろうか。退職してから「生き甲斐」を見つけられずに、「老後が不安でたまらない」「自分が情けない」と自分を追い込んでしまい、精神のバランスを崩していく。うつを発症したり、アルコールやパチンコなどの依存症になる人も、けっして少なくない。

知り合いに、退職後にボランティア活動を始めている人がいたり、大学に通い直して勉強をしている人がいたりすると、自分が何もしていないことにあせりを感じるのだろう。

自治会で世話役を買って出て毎日を忙しそうにしている人が身近にいると、うらやましいという気持ちも芽生える。それにひきかえ、自分は生き甲斐を持てない……。そう強く自己否定をするのは、うつを発症する前兆の一つになるのだ。

しかし、「生き甲斐」とはなんだろう。新しく何かを始めることだろうか。誰もが認める立派な行ないのことだろうか。

そう考えているとしたら、誤った思い込みである。もちろん、新しいことに積極的にトライしている姿は称賛に値するが、毎日が平凡に過ぎていたとしても、幸せを感じているならば、それこそが生き甲斐になると思うのだが、どうだろう。

子どもや孫の成長、家族の団らん、新しい趣味を始めたこと、友人との交流だって、立派な生き甲斐になるのではないか。

新しい生き方に挑戦しなければ生き甲斐を持っているとはいえない、なんて思い込む必要はないのだ。

たまには「とびきりいいもの」に触れることも必要だ

世の中で、いちばん金持ちなのは倹約家、
いちばん貧乏なのは守銭奴である。

シャンフォール　フランスの思想家

年金が生活の主な財源になると、誰の頭にもこんな思いがめぐってくる。
「贅沢はできないな」と。
たしかに、多くの人の場合、つつましく暮らすのが年金生活の基本だろう。
しかし、贅沢は敵と決めつけてしまうのはどうだろうか。

自分が心から楽しめることに思いきってお金を使うのは、心を豊かにするし、生きるエネルギーにもなる。

とくに、贅沢な時間を過ごすことをおすすめしたい。

たとえば年に一度、シティホテルに泊まって一流のサービスを受け、おいしい料理を味わい、ゆったりと一日を過ごす。

非日常的な時間と空間に身を置くことは、気持ちをリフレッシュさせる効果が抜群だ。女性ならスパやエステを楽しむのもいい。

興味があるなら、オペラや歌舞伎、コンサートを一等席で観るのも、とびきりの贅沢になる。お気に入りのプログラムを厳選してチケットを予約するというプロセスも、きっと心弾むものになるはずだ。

四季折々の風情を堪能するのもいい。里山の桜や古都の紅葉、郷土色あふれる祭や伝統行事を見に出かける。宿に一泊くらいの短い日程でも、そこには十分に贅沢な時間が広がっている。

もちろん、〝特別なその日・その瞬間〟があることで、ふだんの生活にもハリが出てくるのはいうまでもない。

「ひとり」で行動できる人になる

歳をとったから遊ばなくなるのではない。
遊ばなくなるから歳をとるのだ。

バーナード・ショー　イギリスの劇作家

一緒に旅をする、趣味をともに楽しむ、集まって酒を酌み交わす……。連れだって何かをする仲間がいると、楽しみも倍になる。

しかし、集団行動にはひとつ大きな弱点がある。仲間の都合をすり合わせなければいけないからである。

ふと思い立って、「週末ゴルフにでも行くか」といった場合でも、誘った仲間の都合がつかなければ、結局、お流れにせざるを得ない。あらかじめ計画を立て、日程を調整するという手間が、集団行動には必要なのである。

自分のペースでうまく時間を使うには、「ひとり遊び」を楽しめるようになることが大切である。仲間がいないとつまらないと思い込んでいる人が、案外多いようだが、実際にひとりで行動してみると、また、別の楽しさが実感できる。

なんといっても、好きなときにどこにでも行ける自由は、何ものにも代え難い。

朝、新聞を読んでいて「おっ、ルノワール展をやっているのか」と思えば、すぐにも出かけられるし、外での食事も誰に気を使うこともなく、自分の食べたいものを食べればいい。ひとりで酒を飲める行きつけの酒場でもあれば、帰りにちょっと寄ってしばし時間をつぶすのも楽しみになる。

もっと重要なのは、行動力が衰えないことだろう。

ひとり遊びの場合には仲間が見つからずに断念するということがない。思ったことが、そのまま行動に移せるのだ。

これは生活を活性化させる大きなアドバンテージになるだろう。

自分流の押しつけは御法度

人それぞれに「流儀」というものがある。
自分流を貫くのはいいが、
もっと大切なのは相手の流儀を認めること。

誰にでも自分の流儀というものがある。たとえば、蕎麦《そば》を食べるのでも、蕎麦猪口《ちょこ》のつゆにちょっと蕎麦をつけて一気にツルツルとたぐる人がいる。その流儀で食べてこそ、蕎麦の香りも食感も味わえると考えているわけだ。

もちろん、自分が流儀を貫くのはいっこうにかまわないが、周囲にそれを押しつけるのは感心しない。

誰かと一緒に蕎麦屋に行ったとき、つゆにたっぷり浸して食べているのを見て、こういったらどうだろうか。

「あ〜あ、そんなにつゆに浸しちゃって、それじゃあ蕎麦の香りが台無しですよ」

いわれたほうはおもしろくない。その場の空気が悪くなって当然だ。相手は、この人とは二度と一緒に食事なんかしないぞ、と決意してしまうかもしれない。

自分流の押しつけは人間関係にひびを入れ、つきあいの幅を狭くするのである。歳をとればなおさら、それぞれ自分の流儀が固まっている。だから、そこには踏み込まないこと。

つまり、相手の流儀も尊重する度量を持つのが大切なのだ。何か健康法にはまっている人がいたら、たとえ、「そんなもの効果なんかありゃしない」と思っても、「そうですか。体に気を配るのはいいことですよね」といってあげればいい。

旅はひなびた温泉にかぎるという人がいれば、たとえ自分は海外旅行派であっても、「風情がありますね」と対応しておけばいいではないか。

それでこそ、シニア同士、和気あいあいの楽しいつきあいがつづけられる。

モノをリストラすることで見えてくるもの

世間ではともすれば金銀でも持ち物でも多く所有すればするほど
人は幸福になると信じているようであるが、
これくらい間違った考え方はない。
むしろそれは逆なのであって、所有が多ければ多いほど
人は心の自由を失うのである。

中野孝次《こうじ》　作家

やたらと「モノ」にこだわる時代があった。振り返ってそう感じているシニア世代は多いだろう。身につけるものや家、車、家具……。人生へのこだわりはなくすべきではないが、モノへのこだわりは、そろそろ整理をして、手放すことを考えてみてもいいのではないか。

こんな人がいた。親から受け継いだ広い一軒家に住んでいたが、両親を見送ると、家を手放し、マンションへ引っ越した。子どもはいないから、老後の生活がしやすい場所を選んだ。いちばんのポイントは病院から近いところだったそうだ。

両親が使っていたもののほとんどは処分したという。自分にとっても思い出のあるものだ。当然、捨て難い。しかし、キッパリとその想いを捨てることにした。

いずれは老いが訪れ、気力も体力も、経済力も下降線をたどる。そのときに持て余さないほどの〝老後サイズ〟を中心にして、モノは極力シンプルにしたそうだ。

いま、新しい生活を始めてみると、そのシンプルさがなんとも快適だ、とその人は語っていた。

これからの生活を考えれば、モノを減らして管理しやすくする。それがいちばん快適なのではないだろうか。いまはウォーミングアップのときと考えてみるといい。

はじめは、小さなことからでいい。たとえば、身につける下着類は年に一度、大晦日に買い替える。古いものは捨て、新しい気持ちで新年を迎える。

気分の一新とともに、モノを増やさない、ささやかな試みから始めたっていいのである。

掃除は自分の「生活の基礎」と考える

片づけることに無関心になってはいけない。
それでは、心と頭の整理がつかなくなってしまう。
とにかく、楽しんでやっていけばいい。

「お〜い、爪切りはどこにある？　それとヤスリ……」
毎日の生活に必要なものがどこにしまわれているかを把握していない人が多いらしい。整理のほとんどは妻任せだったという人は、きっと毎日、妻にこう声をかけているのではないだろうか。それが何回もつづけば、妻だって怒りたくもなる。「何回いったらわかるの！　引き出しの二段目だっていつもいっているじゃない」などとなるのは目に見えている。

リタイア後には家にいることが多くなったのだから、そろそろ妻任せから卒業するようにしたい。

書斎があれば書斎の机まわりから始め、キッチンまわりの掃除、整理……といった具合に、徐々にでいいから範囲を広げていこう。一、二時間程度で終了する範囲なら、それほど疲れることはないはずだ。

さて、実践してみるとわかるが、キレイに整理されると、じつに気持ちがいい。しかも、自分で整理したのだから、必要なものがどこにあるかを把握できる。これからは妻に聞かなくてもいい。小言も減って、これも気持ちがいい。

掃除や整理がいい理由は、もう一つある。「脳トレ」になるのである。頭のなかを自分自身で管理できるというわけだ。掃除をくり返しているうちに、効率的にするにはどうするか、といったことも考えはじめる。これがいいのだ。

日々の暮らしに意欲を欠くようになるのは、すなわち、心の不安定を示す。黄色信号は「家が汚れていたって、どうでもいい」と思うようになることである。

こんなに役立つ「便利屋さん」活用法

人の手を借りることを恥じる必要はない。
「がんばらなくていい」と思えれば、
心がずっと軽くなる。

気力も体力も、いつかは衰える日が来る。「まだまだ、大丈夫だ」などと張り切る必要はない。できることと、できないこと。それを認識するのは、けっして恥ではない。

現役時代は、家では電球の取り替えさえしなかった人が、毎日時間をもてあましているうちに、「そうだ、壁を塗り替えよう」と思い立った。当然、ＤＩＹ経験はないから、ゼロからのスタートになる。本を買い込み、いろいろ材料を揃えて塗り始めたが……仕上がりは散々なもので、妻からは大不評を買ったという。結局、専門家に依頼して塗り直しをしたそうだ。

何でも自分でやろうと思わなくていい。歳を重ねてのひとり暮らしなら、家具ひとつを動かすのだって大変だ。

「がんばらない」という言葉がある。いまはまだ人の手を借りることなど考えたくもないかもしれないが、いずれ「がんばらなくていい」と思える日が、きっと来る。その日のために、いまからいろいろ調べておこう。

便利屋さんビジネスをご存知だろうか。家具の移動から不要になったものを捨ててくれたりもする。その情報はタウンページから収集できるはずだから、作業内容なども併せて調べておくといいだろう。

クリーンサービス業者も見ておくといい。手つかずになりがちなキッチンまわりの汚れなど、プロに頼めば、あっという間にピカピカになる。

自治体が運営しているシルバー人材センターを利用する方法もある。自治体の窓口で事前に調べておけば、いざというときに困らないだろう。

人生のしまい支度、これだけは知っておく

あたし、明日はこないかもしれない。そう思って生きてるの。あんたもそうするといいよ。緊張して生きるようになるから。

白洲《しらす》正子《まさこ》　随筆家・骨董研究家

仏教に「生死事大」という言葉がある。彼岸に赴くことは人生最大の仕事であるというほどの意味だ。そのときは、誰にでも訪れる。

年齢を重ねても、ずっと元気で暮らし、ある日コロリと最期を迎える。長い闘病生活や介護を子に強いることなく、さらりと最期を迎えるのが、誰もが思い描く理想の

死の在り方かもしれない。

しかし、どういった最期を迎えるにせよ、しておかなければならないこと、しておきたいことを始めるのに、遅すぎることはない。

自分自身がどう生きてきたか、どう死を迎えたいと考えているか、最後の大仕事への準備は、生きてきた証を整理することでもあると、わたしは思っている。

自分らしくあればいい、残されたものへの心配りを忘れなければいい。心残りのないよう、その一つひとつを掘り起こしていけば、準備に向かう心構えも自然にできてくるはずだ。

ある女性は、ガンで余命を宣告された。治療は受けず、葬儀も出さない。それが彼女の自分らしさだった。痛みに苦しみながらも彼女は一枚一枚、自筆で絵手紙を書き、感謝の想いを綴った。「わたしが死んだらこれをポストに入れて」といい残して、彼女は最期を迎えた。またある人は、風呂敷包みのなかにすべてを残した。葬儀の出し方、知らせてほしい友人のリスト、お金の使い方など、すべてのことを収めていた。残された人はただ、それにしたがって見送ったそうだ。

十分に幸せに生きた証。それが残された人への最高の贈り物になるだろう。

子どもが独立したら「つかず離れず」がおたがいのため

子どもとの同居は「いいこと」ばかりではない。クリアしなければいけない問題はたくさんある。よくよく考えたうえで踏み切ろう。

長く連れ添った夫婦二人が、おたがいに助けあいながら仲よく老後を暮らす。理想的なかたちだが、いつかはひとりが去り、ひとりが残されるようになる。

それをきっかけに子どもから同居の誘いがあったりする。寂しさもまぎれるし、生活面での不安も解消され、まさに渡りに舟という感じだが、実際は難問が山積しているはずだ。

まず、住み慣れた地域を離れる場合は、環境が一変し、周囲とのつきあいを一から始めなければいけない。一戸建てから子ども夫婦のマンションに引っ越すということになれば、自分の生活スペースもはるかに小さなものになる。荷物もかなり処分する必要があるかもしれない。

食事も自分の好みを主張するわけにはいかなくなる。それまで朝食は和食だったのに、パン食に変わったりすることも考えられ、なかなかなじめないといったこともありそうだ。歳をとってからの食生活の変化は、思った以上にきついということは頭に入れておかなければいけない。

子ども夫婦といっても、どちらかは他人だから遠慮もある。世話になっているというひけめもあるだろうし、自分のペースというよりは夫婦のペースに合わせた生活にならざるを得ない。それが居心地のいいものかどうかは、おおいに疑問である。

こうした問題を考えると、同居はよほど熟慮して決めるべきではないか。家事サポート付きの高齢者用住宅のほうがゆったり暮らせるということもあるのだ。

まず、朝を機嫌よく始める

「よし、朝だ！」というのも、「あーあ、朝か」というのも
あなたの考え方次第だ。

ウエイン・W・ダイアー　アメリカの心理学者

朝、目覚めて最初に思うことは何だろう。その日によってマチマチという人がほとんどかもしれない。

窓を開けて爽やかな風が入ってきたら、「ああ、気持ちがいい」ということになるだろうし、目に入ったのが低く垂れ込めた雨雲だったら、「今日は一日中、雨か」と

憂うつな気分にもなろうというものだ。そんな朝の気分は一日中、どこかで尾を引くようになるのである。

意識を変えて、朝の気分をコントロールしてみよう。どんな朝でも「いいこと」を思い、機嫌よく一日をスタートさせるのである。たとえ、雨模様の朝でも、「こんな日は格好の読書日和。さて、ミステリーでも読むとするか」と思えば、楽しげな一日になる予感に包まれるだろう。

朝一番に飲むコーヒーだって、機嫌しだいで味わいが変わってくる。いつもと変わらないコーヒーも、気分上々ならおいしく感じるのが人間というものだ。

さらに、上機嫌はどんどん連鎖していく。なかなか手がつけられなかった掃除や洗濯を早々に片付け、「今日は外でランチをとって、映画を観よう」といった楽しいプランも湧いてくる。所在なく、憂うつに過ごす一日とは天と地の違いである。

人生は一日一日の積み重ね。いい一日をどれだけ積み重ねていけるかで、トータルな幸福感は決まるといってもいい。

さあ、今日もまた、機嫌のいい朝から始めよう。

爽快な一日の始まりは「うまい朝食」から

ひとり暮らしでは疎《おろそ》かになりがちな朝食だが、楽しく、うまく食べるなら、こんなアイデアを実践してみよう。

妻に先立たれたあとの男性高齢者のひとり暮らしでは、食事が疎かになりがちだ。とりわけ朝食は「面倒だからとらない」とか「コーヒーだけですませている」といったケースが少なくない。

しかし、その日最初の食事である朝食はしっかりとって、脳にも体にも栄養を送り届けることが、一日を元気に過ごすために不可欠である。

こんなアイデアがある。自宅近くのファミリーレストランやカレー、牛丼などのチェーン店、軽食がとれるコーヒーショップなどを利用するのだ。こうした店の朝食メニューは驚くほど充実している。ごはんに味噌汁、焼き魚に海苔《のり》、納豆、漬け物がセットになった和食もあるし、トーストに卵料理、サラダが中心の洋食もバリエーションが豊富だ。しかも、値段も手頃ときている。

起きたときの気分でチョイスして朝食をとる。目先も変わるし、これが、けっこう楽しい。歩いて一五～三〇分くらいの距離なら、ちょうどいい朝の散歩にもなって一石二鳥だろう。頭もスッキリ目覚め、おなかもいい頃合いに空くから、何を食べてもうまいのだ。

顔見知りになれば、従業員とも「おはようございます。〇〇さん、今日は和食ですか、洋食ですか？」「そうだね、和でいくか」といった会話も自然に交わすようになり、コミュニケーションの楽しみもできる。

テレビを相手に無言でコーヒーをすするといった朝とは格段に違う、心地よい朝が実現するようになる。

「わがままに生きる」の意味

人に頼って生きることは恥ではない。
しかし、ひとたび「わがまま」に生きようと思ったなら、
そう生きるための心を鍛えるべきだ。

これまでの人生を振り返ってみて、あなたはどんな生き方をしてきただろうか。組織に属していれば、自分の思いを貫くことの不自由さを、嫌というほど感じてきたのではないか。集団にはルールがある。規律がもっとも先んじて求められるが、立場の相違から、さまざまなことも学んできたに違いない。考えれば「自分が思うままに行動し、生きてきたか」と聞かれれば、イエスの答えを躊躇する人がほとんどではないだろうか。

規律から解き放たれたいま、組織というプレッシャーはもうない。これからの人生は思うがままに生きたらいい。「わがまま」でいいのだ。

しかし、この「わがまま」は、やり放題にしていいということではない。人間関係はずっとつづく。人生も、ずっとつづいていく。

「わがまま」とは、辞書には「自分があるがまま」「思うがまま」「願うがまま」とある。では、自分が思い、願うこととは何なのか。それを実現するためには何が必要か、である。「わがまま」という言葉には、その本質的なところが示されているだろう。

「自立を可能にするものは自律の精神である……」

これは作家・曽野綾子さんが著書『老いの才覚』（ＫＫベストセラーズ）のなかで語った言葉だ。

わがままに生きるためには、「律する心」が大前提になる。組織もない、ルールもない。だから、自分でそのルールを決めていくという自律である。「自律」は「自制心」という言葉に置き換えられる。そこが「わがまま」に生きる源泉なのである。

自分を「ほめる」と楽しく生きられる

自分に向かって声をかけてみよう。
プラスの言葉を探して、どんどん声をかける。
豊かな幸福感がいかに大切なものかがわかってくるだろう。

おそらく誰もが、歳をとれば日々平穏で波風など立たない暮らしになるだろうと考えていたかもしれないが、むしろ、心がざわつくことのほうが多くなるのではないだろうか。

たとえば、「最近、少し頑固になった」と自分で感じることがあるかもしれない。

そうした傾向が、他人との関係によい影響を与えるとは考えにくい。

たとえば、「○○さんはいつも人の意見を聞かずに勝手ばかりをする」と周囲の人に思われているとしたら、疎外感を味わうことにもなるだろうし、第一、毎日がおもしろくないし、イライラする。自分自身に嫌悪感を覚えることもあるだろう。

ところで、あなたは自分の長所やよい行ないを、ほめてあげているだろうか。

「いや、そんなことしないな。現役時代には、落ち込んだときに、自分を鼓舞するために自分をほめてみたことはあったけど、いまさら……」

そこで、朝起きたときと夜寝る前に、盛大に自分をほめてやってほしい。これを日課にするのだ。心のなかで思うのではなく、声に出していってみる。内容は何でもいい。「最近、肌つやがいいぞ。まだまだ自分もイケてるじゃないか」

「自分が聞き役に回ったからか、○○さん、今日はご機嫌がよかったな。よくやったぞ！」

こうした習慣をつづけていると、しだいに自分が好きになる。何か嫌なことがあったとしても、そのままの自分を受け入れられるようになっていく。この先、どんどん老いていく自分を、穏やかに受け入れられるようになるのである。

上手なグチは心を活性化させる

心のうっぷんは無理に抑え込まない。
グチをぶつけてリフレッシュすることも大切だ。
ただし、守るべき原則がある。

「まったく、いつもグチばかりなんだから、話すのが嫌になっちゃう」

高齢者に対する批判の最たるものがこれだ。人生も晩年の黄昏どき、しかもひとり暮らしをしていれば、心にモヤモヤがたまることもあるだろう。だが、口から出るのはグチばかりでは、敬遠されても文句はいえない。

もっとも、寂しさもつらさも、うっぷんもすべてグッとこらえて胸の内にしまっておいたのでは、気持ちはしずみ、うつになってしまうこともありそうだ。

ときには上手にグチを誰かにぶつけ、心をリフレッシュさせるといい。

古くからの友人など、気心が知れている相手にグチの聞き役になってもらうのが一番だが、できれば、似たような状況にいる人が望ましい。

こちらは完全に仕事を離れてひとり暮らし、相手はまだ現役をつづけていて、家族と一緒に暮らしている……というのでは、状況が違いすぎて気持ちを受けとめてもらいにくいからだ。

そして、「おあいこ主義」でいくこと。

こちらがグチを聞いてもらったら、次は相手のグチの聞き役に回る。このかたちを守らないと、さすがに「もう、いい加減にしてくれよ」ということにもなる。

差し向かいで一献傾けながら、おたがいにグチ話を繰り出しあうのはいいが、電話の場合は節度をわきまえる必要がある。

せいぜいひと月に一回程度、その時間も一〇分くらいで、サッと切り上げるのが原則だろう。

「よかった日記」で元気をもらう

ものごとには明と暗の両面がある。
どんな一日でも「よかった」と締めくくる。
そこに明るく生きる秘訣がある。

一日が過ぎてベッドに入るとき、さて、どんな感想を持つだろう。その日を振り返って「よかった」と思えるか、それとも「ああ、今日はこんな嫌なことが……」と感じるか。

その人の考え方を見きわめる方法としてよく知られているものに、ボトル半分になったウイスキーをどうとらえるか、というものがある。楽観的にものごとを見る人は「まだ、半分ある」と考え、悲観的な人は「もう、半分しかない」と受けとるというわけだ。

ものごとのとらえ方には、必ず明と暗の両面がある。これが生き方も左右するのだ。一日を終えるとき、メモでも日記でもいいから、「今日はよかった」と書いてみる。すると、気持ちが明るくなる。

たとえば、風邪をひいて寝込んだ日でも、「頭は痛いし熱もあって、とんでもない日だった」と書いてしまっては元も子もないが、「早めに気づいて寝ていたから、明日はすっかり治ってるぞ」と書けば、元気になりそうな気がしないだろうか。

一事が万事である。どんな日でも考え方しだいで「よかった」と締めくくることができる。

いわゆるプラス思考だが、毎日をそんなふうに生きていたら、気持ちはどんどん明るくなる。つまらないグチも出なくなり、「さて、気分転換に買い物にでも行くか」と心を明るいほうに向けられるだろう。さらに、「よかった。だから、ありがたい」と毎日に感謝できたら、申し分なしである。

本書は、本文庫のために書き下ろされたものです。

保坂　隆（ほさか・たかし）
一九五二年山梨県生まれ。聖路加国際病院精神腫瘍科医長、聖路加看護大学臨床教授。慶応義塾大学医学部卒業後、同大学精神神経科入局。一九九〇年より二年間、米国カリフォルニア大学へ留学。一九九三年東海大学医学部講師、二〇〇三年より同大学医学部教授を経て、二〇一〇年より現職。
主な著作に『「プチ・ストレス」にさよならする本』『人生の整理術』『老いを愉しむ習慣術』『老後のイライラを捨てる技術』など多数がある。

知的生きかた文庫

人間《にんげん》、60歳《さい》からが一番《いちばん》おもしろい！

著者　保坂《ほさか》　隆《たかし》
発行者　押鐘太陽
発行所　株式会社三笠書房
〒一〇二-〇〇七二　東京都千代田区飯田橋三-三-一
電話〇三-五二二六-五七三四〈営業部〉
〇三-五二二六-五七三一〈編集部〉
http://www.mikasashobo.co.jp
印刷　誠宏印刷
製本　若林製本工場

ISBN978-4-8379-8129-9 C0130

知的生きかた文庫

疲れない体をつくる免疫力

安保 徹

免疫学の世界的権威・安保徹先生が、「疲れない体」をつくる生活習慣をわかりやすく解説。ちょっとした工夫で、免疫力が高まり、「病気にならない体」が手に入る！

もの忘れを90％防ぐ法

米山公啓

「どうも思い出せない」……そんなときに本書が効きます。もの忘れのカラクリから、生活習慣による防止法まで。簡単にできる「頭」の長寿法！

なぜ「粗食」が体にいいのか

帯津良一
幕内秀夫

なぜサラダは体に悪い？——野菜でなくドレッシングを食べているからです。おいしい＋簡単な「粗食」が、あなたを確実に健康にします！

般若心経、心の「大そうじ」

名取芳彦

般若心経の教えを日本一わかりやすく解説した本です。誰もが背負っている人生の荷物の正体を明かし、ラクに生きられるヒントがいっぱい！

中国古典「一日一話」

守屋 洋

永い時を生き抜いてきた中国古典。この「人類の英知」が、一つ上級の生き方を教えてくれる——読めば必ず「目からうろこが落ちる」名著。

C50158